노래만 불러도 귀와 입이 트이는

POPS

팝스 잉글리시

3

장경미 지음

바이링구얼

노래만 불러도 귀와 입이 트이는 팝송 영어 훈련
팝스 잉글리시 3

초판 1쇄 인쇄 2020년 8월 20일
초판 1쇄 발행 2020년 8월 25일

지은이 장경미
펴낸이 홍성은
펴낸곳 바이링구얼
교정 · 교열 임나윤
디자인 Design IF

출판등록 2011년 1월 12일
주소 서울 마포구 월드컵로36길 18, 309호
전화 (02) 6015-8835
팩스 (02) 6455-8835
메일 nick0413@gmail.com

ISBN 979-11-85980-34-8 13740

팝송으로 영어를 공부하는 방법은 오래전부터 있었지만, 많은 사람이 팝송 영어는 그저 취미로 배우는 정도라고 생각하는 것 같습니다. 물론 팝송 한두 곡 부를 수 있다고 해서 영어 실력이 확 느는 것은 아닙니다. 그럼 팝송 영어 학습은 쓸모없는 것일까요? 영어를 공부할 때 단어와 숙어만 달달 외워서는 기억도 잘 안 날 뿐더러 설령 외운다 해도 어떻게 써먹는지 제대로 알 수 없습니다. 영어는 문장을 통째로 익혀야 그 안에 쓰인 단어와 표현뿐만 아니라 문장 구조와 어순까지 확실히 알게 됩니다. 그런데 단어 한두 개도 아니고 문장을 계속해서 외운다는 것은 쉬운 일이 아닙니다. 우리말도 아니고 외국어를 말이죠. 여기서 필요한 것이 바로 '팝송 영어'입니다. 우리들 귀에 익숙한 유명한 팝송은 몇 번 따라 부르고 연습하다 보면 노래 한 곡으로도 수십 문장을 쉽게 암기하게 됩니다. 게다가 좋아하는 노래를 듣고 따라 부르는 것은 즐겁기까지 하니 이보다 더 좋은 방법이 있을까요? 팝송을 귀 기울여 듣고 가수의 발음을 흉내 내어 열심히 따라 부르면, 리스닝 실력도 향상되고 더불어 자신의 발음도 좋아집니다.

간혹 TV에서 학원 한 번 가 본 적 없는 시골 학생이 서울대에 합격했다며 인터뷰하는 것을 볼 수 있는데요. 이런 학생들이 영어 학습법으로 빼놓지 않고 언급했던 것이 바로 '팝송 영어'입니다. 학원에 갈 여건이 되지 않아, 좋아하는 팝송으로 영어를 공부했다고 말이죠. 이 책을 믿고 여기에서 알려 주는 단계적인 학습법에 따라 열심히 노래를 듣고 따라 불러 보세요. 책에 실린 노래들을 가사를 안 보고도 모두 부를 수 있게 되었을 때 자신의 영어 실력이 이전과는 확실히 달라진 것을 느낄 수 있을 거예요. 부를 수 있는 곡이 많으면 많을수록 더 좋습니다. 가수가 되려고 연습하는 것은 아니지만, 괴롭지 않고 즐겁게 영어 실력을 향상시킬 수 있는 방법이니 적극 추천합니다!

책의 구성과 활용법

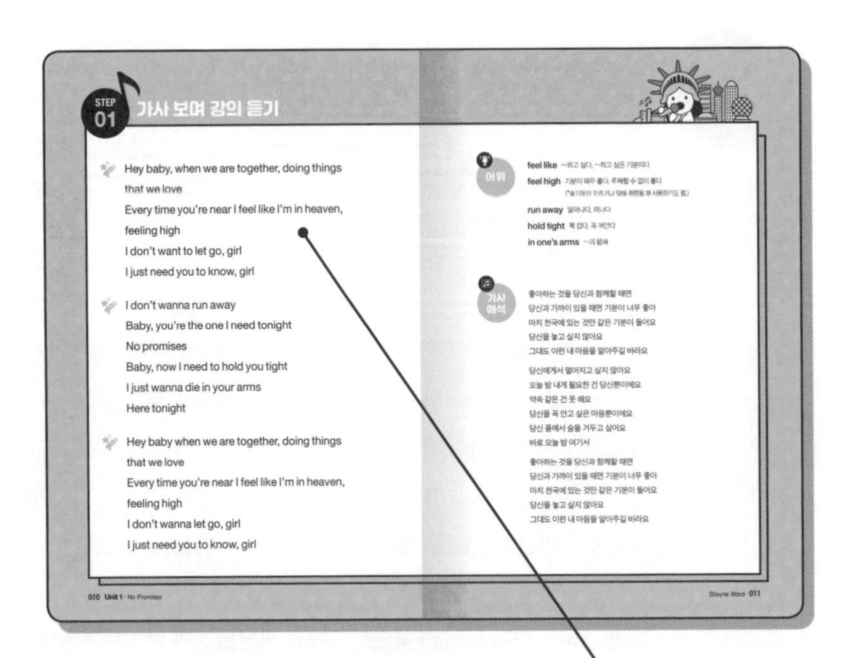

STEP 01 가사 보며 강의 듣기

Hey baby, when we are together, doing things
that we love
Every time you're near I feel like I'm in heaven,
feeling high
I don't want to let go, girl
I just need you to know, girl

I don't wanna run away
Baby, you're the one I need tonight
No promises
Baby, now I need to hold you tight
I just wanna die in your arms
Here tonight

Hey baby when we are together, doing things
that we love
Every time you're near I feel like I'm in heaven,
feeling high
I don't wanna let go, girl
I just need you to know, girl

어휘

feel like ~하고 싶다, ~하고 싶은 기분이다
feel high 기분이 매우 좋다, 주체할 수 없이 좋다
(*술기운이 오르거나 약에 취했을 때 사용하기도 함.)
run away 달아나다, 떠나다
hold tight 꽉 잡다, 꼭 껴안다
in one's arms ~의 품에

가사 해석

좋아하는 것을 당신과 함께할 때면
당신과 가까이 있을 때면 기분이 너무 좋아
마치 천국에 있는 것만 같은 기분이 들어요
당신을 놓고 싶지 않아요
그대도 이런 내 마음을 알아주길 바라요

당신에게서 멀어지고 싶지 않아요
오늘 밤 내게 필요한 건 당신뿐이에요
약속 같은 건 못 해요
당신을 꼭 안고 싶은 마음뿐이에요
당신 품에서 숨을 거두고 싶어요
바로 오늘 밤 여기서

좋아하는 것을 당신과 함께할 때면
당신과 가까이 있을 때면 기분이 너무 좋아
마치 천국에 있는 것만 같은 기분이 들어요
당신을 놓고 싶지 않아요
그대도 이런 내 마음을 알아주길 바라요

010 Unit 1 - No Promises

Shayne Ward 011

Hey baby, when we are
that we love
Every time you're near I fe
feeling high
I don't want to let go, girl
I just need you to kno

STEP 01 가사 보며 강의 듣기

노래 가사를 보며 저자의 유튜브 채널에서 강의를 들으세요. 곡 소개부터 영어 가사 설명까지 친절하고 재밌는 강의를 무료로 들을 수 있습니다.

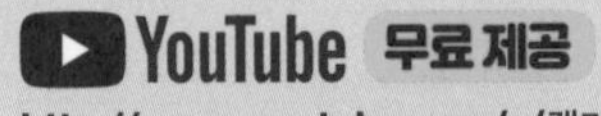

http://www.youtube.com/c/갱미몬

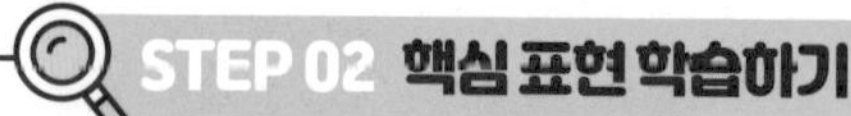

STEP 02 핵심 표현 학습하기

가사에 나온 핵심 표현과 어휘에 관해 자세히 학습하고 직접 그것을 활용할 수 있도록 합니다. 노래 가사에도 실생활에 써먹을 수 있는 좋은 표현들이 많아요.

STEP 03 노래 따라 부르기

이제 노랫말을 이해했으니 반복해서 팝송을 듣고 따라 불러 보세요. 가사를 보지 않고 노래를 부를 수 있을 정도가 되어야 합니다. 열심히 노래를 부르는 사이 가사에 나왔던 표현과 어휘가 모두 자기 것이 됩니다. 가수의 발음을 흉내 내어 따라 부르는 연습을 계속하다 보면 발음도 좋아지고, 더불어 리스닝 실력도 향상됩니다.

STEP 04 표현과 패턴 활용하기

가사에 나왔던 유용한 표현이나 패턴을 실전 영어회화에 활용하는 단계입니다. 설명과 예문을 잘 읽어 본 후, 그 표현과 패턴으로 자신만의 문장을 만들어 영어회화에서 사용해 보세요.

목차

10

126

Maggie Lindemann
Pretty Girl

11

145

Green Day
Basket Case

12

154

Gloria Gaynor
I Will Survive

13

170

Zedd & Kehlani
Good Thing

14

184

Mindy Gledhill
Crazy Love

15

198

Train
50 Ways to Say Goodbye

16

214

Andra
Love Can Save It All

Unit 1

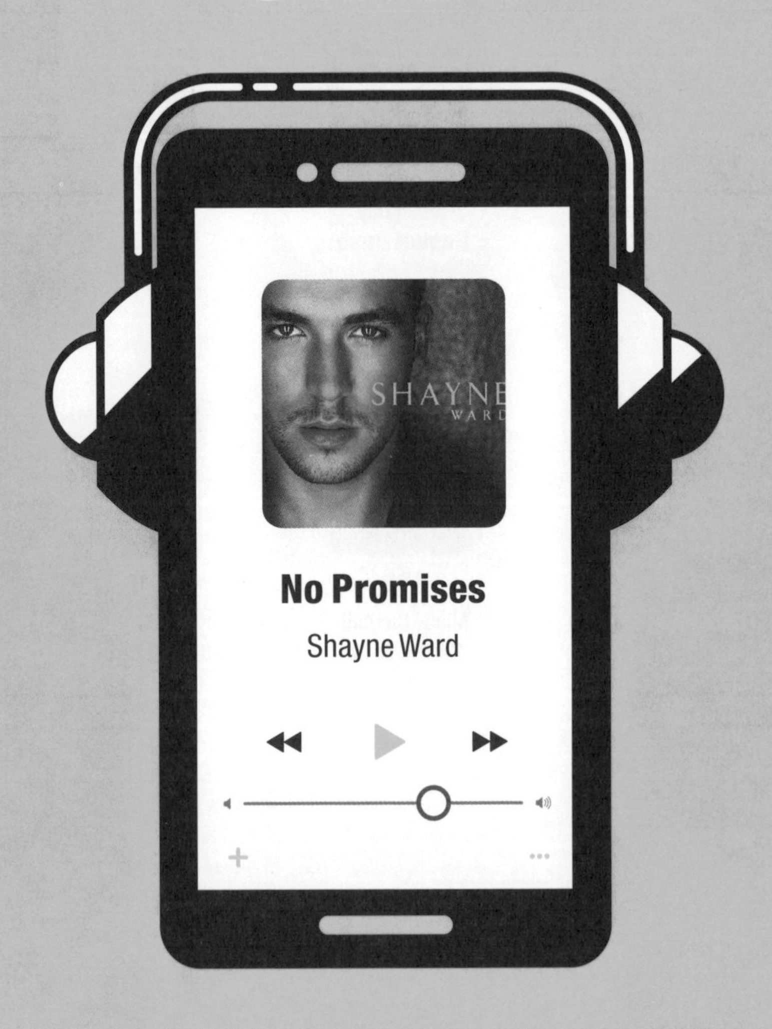

〈No Promises〉는 2005년 덴마크 가수 브라이언 라이스(Brian Rice)가 부른 원곡을 2006년 영국의 유명 오디션 프로그램 〈액스팩터(X Factor)〉의 우승자인 셰인 워드(Shayne Ward)가 리메이크한 곡입니다. 원곡뿐만 아니라 리메이크 곡 또한 아일랜드 음반 차트 1위, 영국 2위를 기록하며 굉장한 인기를 끌었습니다. 셰인 워드는 가수뿐만 아니라 배우로도 활발하게 활동하고 있는 만능 엔터테이너예요. 〈No Promises〉의 가사는 상황에 따라 다양하게 해석될 수 있는데요. 시한부 또는 군입대를 앞둔 연인을 둔 사람에게는 미래를 약속할 수 없는 애절하고도 슬픈 상황이 될 수도 있고, 짧은 만남을 갖는 남녀의 상황을 대입해 보면 '진지하게 생각하지 말고 지금 상황을 즐기자'로 해석될 수도 있어요. 상황에 따라 다양하게 해석될 수 있는 흥미로운 곡 〈No Promises〉를 함께 알아볼까요?

STEP 01 가사 보며 강의 듣기

Hey baby, when we are together, doing things that we love
Every time you're near I feel like I'm in heaven, feeling high
I don't want to let go, girl
I just need you to know, girl

I don't wanna run away
Baby, you're the one I need tonight
No promises
Baby, now I need to hold you tight
I just wanna die in your arms
Here tonight

Hey baby when we are together, doing things that we love
Every time you're near I feel like I'm in heaven, feeling high
I don't want to let go, girl
I just need you to know, girl

feel like ~하고 싶다, ~하고 싶은 기분이다

feel high 기분이 매우 좋다, 주체할 수 없이 좋다
(*술기운이 오르거나 약에 취했을 때 사용하기도 함.)

run away 달아나다, 떠나다

hold tight 꽉 잡다, 꼭 껴안다

in one's arms ~의 품에

좋아하는 것을 당신과 함께할 때면
당신과 가까이 있을 때면 기분이 너무 좋아
마치 천국에 있는 것만 같은 기분이 들어요
당신을 놓고 싶지 않아요
그대도 이런 내 마음을 알아주길 바라요

당신에게서 멀어지고 싶지 않아요
오늘 밤 내게 필요한 건 당신뿐이에요
약속 같은 건 못 해요
당신을 꼭 안고 싶은 마음뿐이에요
당신 품에서 숨을 거두고 싶어요
바로 오늘 밤 여기서

좋아하는 것을 당신과 함께할 때면
당신과 가까이 있을 때면 기분이 너무 좋아
마치 천국에 있는 것만 같은 기분이 들어요
당신을 놓고 싶지 않아요
그대도 이런 내 마음을 알아주길 바라요

STEP 01 가사 보며 강의 듣기

I don't wanna run away
Baby, you're the one I need tonight
No promises
Baby, now I need to hold you tight
I just wanna die in your arms

I don't wanna run away
I wanna stay forever, through time and time
No promises

I don't wanna run away
I don't wanna be alone
No promises
Baby, now I need to hold you tight
Now and forever my love
No promises

I don't wanna run away
Baby, you're the one I need tonight
No promises

through time and time 시간을 건너서, 시간을 초월해서라도

alone 혼자, 홀로, 오직

당신에게서 멀어지고 싶지 않아요
오늘 밤 내게 필요한 건 당신뿐이에요
약속 같은 건 못 해요
당신을 꼭 안고 싶은 마음뿐이에요
당신 품에서 숨을 거두고 싶어요

당신에게서 멀어지고 싶지 않아요
당신과 영원히, 시간을 넘어 함께하고 싶어요
약속 같은 건 하지 못 해요

당신에게서 멀어지고 싶지 않아요
혼자인 건 싫어요
약속 같은 건 못 해요
지금 그저 난 당신을 꼭 안고 싶어요
지금, 그리고 영원히 나의 그대여
약속 같은 건 못 해요

당신에게서 멀어지고 싶지 않아요
오늘 밤 내게 필요한 건 당신뿐이에요
약속 같은 건 못 해요

STEP 01 가사 보며 강의 듣기

Baby, now I need to hold you tight
I just wanna die in your arms
Here tonight

I don't wanna run away
Baby, you're the one I need tonight
No promises
Baby, now I need to hold you tight
I just wanna die in your arms
Here tonight

당신을 꼭 안고 싶은 마음뿐
당신 품에서 숨을 거두고 싶어요
바로 오늘 밤 여기서

당신에게서 멀어지고 싶지 않아요
오늘 밤 내게 필요한 건 당신뿐이에요
약속 같은 건 못 해요
당신을 꼭 안고 싶은 마음뿐이에요
당신 품에서 숨을 거두고 싶어요
바로 오늘 밤 여기서

STEP 02 핵심 표현 학습하기

Hey baby when we are together, doing things that we love

좋아하는 것을 당신과 함께할 때면

사랑하는 사람과 좋아하는 것들을 함께할 때가 아마 인생에서 가장 반짝반짝 빛나고 행복한 순간이 아닐까 싶어요. 곡의 초반부에는 연인과 함께하면서 느끼는 달콤함과 행복함이, 그리고 후반부에는 다가올 이별에 대한 슬픈 감정이 대비를 이루는 곡이랍니다. 여기서 love는 '사랑하다'로 직역하기보다는 '좋아하다' 정도로 해석해 주세요.

발음 포인트 **영어에서 -ing 발음은** [잉] **보다** [인] **소리에 가깝게 발음돼요. doing things는** [두인띤ㅅ]**로 발음해 보세요.**

Every time you're near I feel like I'm in heaven, feeling high

당신과 가까이 있을 때면 기분이 너무 좋아 마치 천국에 있는 것만 같은 기분이 들어요

I feel like ~는 감정과 기분을 나타내는 표현으로 '~하고 싶은 기분이다, ~가 된 기분이다'의 뜻으로 쓰여요. 가사에서는 I feel like I'm in heaven이란 표현을 사용해서 당신과 함께할 때면 마치 기분이 천국에 있는 것만 같다고 표현했는데요. 이와 같이 '기분이 날아갈 것 같이 좋다'는 표현으로는 I am on cloud nine. / I'm walking on air. / I feel like a million dollars. 등이 있으니 다양하게 사용해 보세요. feel high도 마찬가지로 기분이 매우 좋은 상태를 의미하는 표현인데요. 기분이 주체할 수 없을 만큼 좋을 때 또는 술을 마시고 술 기운이 좀 올라오거나 마약을 해서 통제할 수 없을 정도로 기분이 좋아졌을 때 사용하기도 해요.

발음 포인트 **I am in heaven에서 I am in ~은** [아임인] **대신** [아민]**으로 연음을 살려 발음해 주세요.**

I don't want to let go, girl

당신을 놓고 싶지 않아요

let은 '사역동사'로 한국인들이 사용하기 어려워하는 단어이기도 해요. 하지만 영화나 팝송에서 Let's go / Let it be / Let it go처럼 let을 사용한 표현들을 많이 들어 봤을 거예요. let someone/something go 또는 let go (of) someone/something은 '누구/무엇을 놔주다, 떠나 보내다'의 의미로 사용됩니다. 여기서 of는 생략할 수 있어요.

발음 포인트 I don't want to ~는 **한 덩어리로** [아돈워너]**로 발음하고 뒤에 바로 동사를 붙여 보세요.**

I just need you to know, girl

그대도 이런 내 마음을 알아주길 바라요

need 뒤에 동사를 붙여서 I need to go.(나 가야 해.)처럼 쓰는 건 쉬운데 need나 want 뒤에 you가 오면 왜 어렵게 느껴지는 걸까요? 그 이유는 자주 사용하지 않아서입니다. 〈I need to 동사〉는 '내가' (동사)를 해야 한다면 〈I need you to 동사〉는 '네가' (동사)를 해야 한다는 표현이에요. 예를 들어, I need to know.는 '내가' 알고 싶은 것이고, I need you to know.는 '네가' 알아줬으면 하는 것이죠.

STEP 02 핵심 표현 학습하기

I don't wanna run away

당신에게서 멀어지고 싶지 않아요

wanna는 want to의 구어체 표현이에요. 그리고 run away는 '도망가다, 달아나다'라는 의미인데 이 노래에서는 연인 간에 멀어지거나 헤어짐을 의미하고 있어요. I don't wanna run away.라고 했으니 문맥을 보면 '당신과 떨어지고 싶지 않다, 멀어지기 싫다' 정도로 해석해 볼 수 있겠네요.

run을 사용한 표현을 하나 더 배워 볼까요? run away와 비슷해 보이지만, 의미는 전혀 다른 표현인 run across(~와 우연히 마주치다)가 있어요.

발음 포인트 I don't wanna ~는 **한 덩어리로** [아론워너]**로 발음하고 뒤에 바로 동사를 붙여 보세요.** run away는 [뤄너웨이]**로 자연스럽게 연음해서 발음해 보세요.**

Baby, you're the one I need tonight

오늘 밤 내게 필요한 건 당신뿐이에요

You're the one I need tonight은 that이 생략된 형태의 문장이에요. that을 쓰면 문장 구조가 좀 더 선명하게 보이지만, 보통 구어체나 팝송에서는 that이 생략돼요. 〈You're the one+주어+동사〉 구조를 이용해서 You're the one I want.과 같이 다양한 표현을 만들어 볼 수 있어요.

No promises

약속 같은 건 못 해요

이 노래의 제목이기도 한 〈No promises〉는 여러 가지로 해석해 볼 수 있어요. 불치병에 걸렸거나 군입대를 앞두고 있어 연인과 함께하고 싶지만 미래를 약속할 수 없다는 의미로 보거나, 지금 이 순간 사랑을 나누고는 싶지만 미래를 약속할 수 없다는 의미로 해석될 수도 있어요. 뮤직비디오를 보면 초반부에 남녀가 잠시 뜨거운 사랑만을 나누고 앞날을 기약하지 않는 것처럼 나오지만, 후반부에 여주인공이 묘비 앞에서 슬퍼하는 장면이 나와요. 다양하게 해석될 수 있도록 가사나 뮤직비디오에 해석의 여지를 준 점이 이 곡을 공부하는 재미라고 볼 수 있어요.

No promises는 〈No+명사〉 형태의 문장으로 명사 또는 문장 전체를 부정해 준다고 생각하면 돼요. 유사한 표현으로 〈No+명사〉, 〈no+명사〉.가 있어요.

예 **No water, no life.** 물이 없으면 생명은 존재할 수 없어.
No work, no money. 일을 안 하면 돈도 없지.

I just wanna die in your arms

당신 품에서 숨을 거두고 싶어요

die in your arms는 단어 하나하나를 직역해서 '당신의 팔 안에서 죽다'로 해석하면 어색해지니까 한 덩어리로 '누군가의 품 안에서 숨을 거두다'로 생각하는 게 자연스러워요. in your arm(당신의 품에) 앞에 동사를 바꿔 다양하게 활용해 볼 수도 있어요. 그럼 hold someone tight를 활용해서 문장을 만들어 볼까요? '당신 품에 저를 꼭 안아 주세요'는 어떻게 말할 수 있을까요? '누군가를 꼭 안다'는 hold someone tight, '당신의 품에'는 in your arms니까 한 문장으로 연결하면 Hold me tight in your arms. 쉽죠? 계속해서 배운 표현들을 생활 속에서 사용해 보세요. 그럼 어느새 입에서 그럴싸한 표현들이 술술 나오는 경험을 하게 되실 거예요.

STEP 02 핵심 표현 학습하기

I want to stay forever, through time and time

당신과 영원히, 시간을 넘어 함께하고 싶어요

stay는 '머무르다'라는 뜻의 동사인데요. 이 문장에서는 '머무르다'로 해석될 수도 있고 사랑하는 연인과 '함께하다'로 의역해 볼 수 있어요. through time and time은 eternity의 개념으로 '영원, 영겁'을 의미해요. 이 구절은 사랑하는 연인을 떠나지 않고 영원히 시간에 구애받지 않고 평생을 함께하고 싶다는 마음을 표현한 거예요. 여러분도 사랑하는 사람이 있다면 꼭 이 표현을 사용해서 말해 보세요. "I want to stay with you forever, through time and time."

발음 포인트 **stay는** [스테이]**보다는** [스떼이]**로 발음해 보세요.**

다시 Step 01으로 가서 노래도 듣고 따라 불러 보세요.

표현과 패턴 활용하기

I feel like ~

I feel like ~는 '~하고 싶은 기분이다, ~가 된 기분이다'의 뜻으로 감정과 기분을 나타내는 표현이에요. 보통 〈I feel like+명사[동명사]〉 형태로 사용돼요. 가사에서 나온 것처럼 〈I feel like+절(주어+동사)〉 형태로도 사용할 수 있답니다.

예 **I feel like an idiot.** 바보가 된 기분이야.
I feel like crying. 울고 싶은 기분이야.

I don't want to ~

'~하고 싶다'고 의사 표현을 할 때 사용하는 패턴은 I want to ~이죠. '~를 하고 싶지 않다'는 패턴은 want 앞에 부정 표현인 don't만 붙여 주면 됩니다. I don't want to 다음에는 '동사'가 온다는 사실을 기억하세요.

예 **I don't want to hear about it!** 듣기 싫어!
I don't want to mention it. 그것에 대해서 얘기하고 싶지 않아.

I need you to ~

I need you to ~ 패턴은 상대에게 부탁이나 요청을 할 때 사용하는 표현이에요. 참고로, I need to와 I need you to 패턴의 차이는 I need to는 '내가' 하는 것이고 I need you to는 '네가' 할 필요가 있는 거예요. 이 차이를 잘 이해하고 사용해야 해요.

예 **I need you to help me with the dishes.**
설거지하는 걸 당신이 도와주면 좋겠어요.
I need you to know that I am really sorry.
내가 정말 미안해하는 걸 당신이 알아줬으면 해.
I need to take a break. 나 좀 쉬어야겠어요.
I need to cash a check. 수표를 현금으로 바꾸려고요.

Unit 2

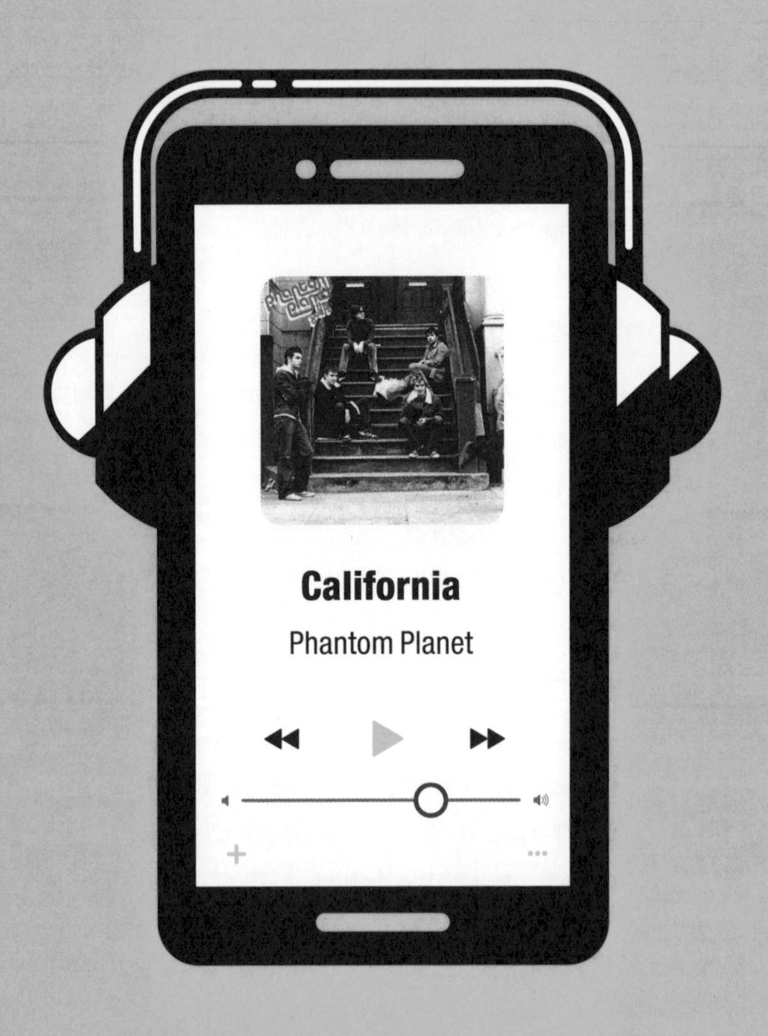

'팬텀 플래닛(Phantom Planet)'은 1994년도 미국 LA에서 결성되어 1998년에 데뷔한 캘리포니아 출신 록 밴드예요. 〈California〉는 곡이 발표된 2002년도에는 큰 관심을 얻지 못하다 미드 〈The O.C.〉 오프닝 주제곡으로 사용되면서 큰 인기를 끌게 됐어요. 펑크풍의 신나는 곡으로 반복되는 가사인 '캘리포니아'가 귓가에서 맴도는 중독성 강한 곡이랍니다. 캘리포니아는 밴드 멤버들이 태어난 곳이기도 하고 꿈이 시작된 곳을 의미하기 때문에 그들에게는 참 특별한 장소예요. '팬텀 플래닛' 멤버들의 다소 촌스럽고 투박해 보이지만 진솔한 모습이 돋보이는 뮤직비디오도 한번 보실 것을 추천해요.

STEP 01 가사 보며 강의 듣기

We've been on the run
Driving in the sun
Looking out for number one

California, here we come
Right back where we started from

Hustlers grab your guns
Your shadow weighs a ton
Driving down the 101

California, here we come
Right back where we started from

California, here we come

On the stereo
Listen as we go
Nothing's gonna stop me now

어휘

on the run 도망 다니는, 계속 돌아다니는

in the sun 햇살을 받으며, 사람들의 주목을 받으며

look out for ~만을 생각하다, ~를 찾다

number one 최고, 일인자, (음반) 1위곡

right 정확히, 즉시, 바로

back (원래 장소로) 돌아와, 돌아가

hustler 사기꾼, 매춘부, 고군분투하는 사람

shadow 그림자, 그늘

weigh a ton 엄청나게 무겁다

drive down 운전해서 가다

stereo 스테레오, 오디오

가사 해석

우리는 달려 왔어
태양 아래를 달리며
최고가 되기 위해 앞만 보고 달렸어

캘리포니아, 여기 우리가 왔어
우리가 시작했던 그곳으로 다시 돌아온 거야

각자 총들 챙기라고
네가 짊어진 것들은 너무나 무거워
101번 국도를 따라가고 있어

캘리포니아, 여기 우리가 왔어
우리가 시작했던 그곳으로 다시 돌아온 거야

캘리포니아, 여기 우리가 왔어

오디오에서
흘러나오는 노래를 들어 봐
아무도 나를 막을 순 없어

STEP 01 가사 보며 강의 듣기

California, here we come
Right back where we started from

Pedal to the floor
Thinkin' of the roar
Gotta get us to the show

California, here we come
Right back where we started from

California, here we come
California, California, here we come

California, California, here we come
California, California, here we come
California, California, here we come
California, California, here we come

pedal to the floor 전속력으로 달리다

roar 함성, 아우성

캘리포니아, 여기 우리가 왔어
우리가 시작했던 그곳으로 다시 돌아왔어

전속력으로 달리자
그 환호성을 떠올리면서 말이야
우린 공연장으로 가야만 해

캘리포니아, 여기 우리가 왔어
우리가 시작했던 그곳으로 다시 돌아온 거야

캘리포니아, 여기 우리가 왔어
캘리포니아, 캘리포니아, 여기 우리가 왔어

캘리포니아, 캘리포니아, 여기 우리가 왔어
캘리포니아, 캘리포니아, 여기 우리가 왔어
캘리포니아, 캘리포니아, 여기 우리가 왔어
캘리포니아, 캘리포니아, 여기 우리가 왔어

STEP 02 핵심 표현 학습하기

We've been on the run
우리는 달려 왔어

이 문장에서 사용된 시제는 현재완료(have+p.p)예요. 예전부터 지금까지 계속해서 달려 왔다는 '지속', '계속'의 의미를 살리기 위해 현재완료 시제를 사용했어요. on the run은 '도망치다'보다는 '달리다'로 이해하는 게 자연스러워요.

발음 포인트 **We've been에서 We've를 [위브]로 발음하려고 애쓰지 마세요. 그냥 We've been을 연결해서 [위빈]이라고 하는 게 훨씬 더 자연스럽답니다.**

Driving in the sun
태양 아래를 달리며

뜨거운 태양 아래 끝없이 펼쳐진 캘리포니아의 101번 국도를 달리고 있는 상황을 상상하면서 이 노래를 들어 보세요. 미국에는 긴 도로의 경우 열 시간 넘게 직진 코스만 달리는 도로도 있어요. 실제로 101번 국도는 캘리포니아에서 가장 긴 도로이기도 해요.

발음 포인트 **전체 문장을 한 덩어리인 [쥬롸이빈더썬]으로 자연스럽게 발음해 보세요.**

Looking out for number one
최고가 되기 위해 앞만 보고 달렸어

이 가사는 캘리포니아에서 태어나고 자란 멤버들이 최고의 밴드가 되기 위해 미국 LA로 건너간 여정을 잘 드러내고 있어요. look out for는 '조심하다', '~을 찾으려고 애쓰다'라는 뜻이에요. look out for 뒤에 number one이 오면 '자기 자신만을 챙기다'라는 의미로 해석돼요. '최고가 되기 위해 앞만 보고 달렸다'라는 의미로 해석해 볼 수 있어요.

발음 포인트 **looking out은 [루끼나웃]으로 부드럽게 발음해 주세요.**

Hustlers grab your guns

각자 총들 챙기라고

hustler는 '사기꾼, (남성)매춘부'라는 사전적 의미가 있어요. 하지만 요즘 힙한 씬에서는 '무언가 열심히 하는 사람'으로 해석되기도 해요. hustler는 무언가를 이루기 위해 노래, 연주 등 끊임없이 고군분투하는 '팬텀 플래닛' 자신들을 묘사한 표현이 아닐까 싶어요.

발음 포인트 **hustler의 t는 묵음이기 때문에** [헛쓸럴]**로 발음해 주세요.**

Your shadow weighs a ton

네가 짊어진 것들은 너무나 무거워

shadow는 '그림자'를 뜻하죠. 이 가사에서의 shadow는 '그림자'보다는 짊어진 '짐'이나 '근심'으로 해석해 볼 수 있어요. 실제로 그림자가 1톤씩이나 나가진 않겠죠? 그리고 뒤이어 나오는 weigh a ton도 정말로 '1톤이 나간다'는 뜻이 아니라 '1톤처럼 매우 무거운 상태'를 의미해요.

on the stereo, listen as we go

오디오에서 흘러나오는 노래를 들어 봐

'스테레오'는 그냥 차 안에서 듣는 오디오 개념으로 생각하세요. 이 가사는 차 안에 노래를 크게 틀어 놓고 101번 국도를 달리는 모습을 묘사한 표현이에요.

발음 포인트 [스테레오]**라고 발음하지 말고** [스떼뤄오우]**로 발음해 보세요.**

STEP 02 핵심 표현 학습하기

Pedal to the floor

전속력으로 달리자

pedal은 '페달'(명사), '페달을 밟다'(동사)와 같이 두 가지 품사로 사용되는 단어인데 이 문장에서는 동사로 사용됐어요. 바닥에 페달이 닿을 때까지 밟는다면 차 속도가 전속력으로 올라가겠죠. 그래서 pedal to the floor는 '전속력으로 달리다'라는 뜻이에요. 비슷한 표현으로 put the pedal to the metal / floor it / hit the gas 등이 있어요.

Gotta get us to the show

우린 공연장으로 가야만 해

gotta는 '~해야만 한다'의 의미로 사용되는 구어체 표현이에요. get us to는 〈get + 목적어 + to부정사〉 구문으로 '(목적어)로 하여금 ~하게 하다'로 해석돼요. 여기서 주어가 명확히 나오지 않아 해석이 다양해질 수 있는데 you라고 가정하면 그 you는 '사람'보다는 자신들을 공연장으로 데려다주는 '차'가 될 거예요. 직역하면 '차, 너는 우리는 공연장을 데려다 놔야 해'라고 해석될 수 있는데요. '차를 타고 우리가 공연까지 가야 한다'고 의역해 볼 수 있어요.

발음 포인트 **gotta는 [가라]로 발음해 주세요.**

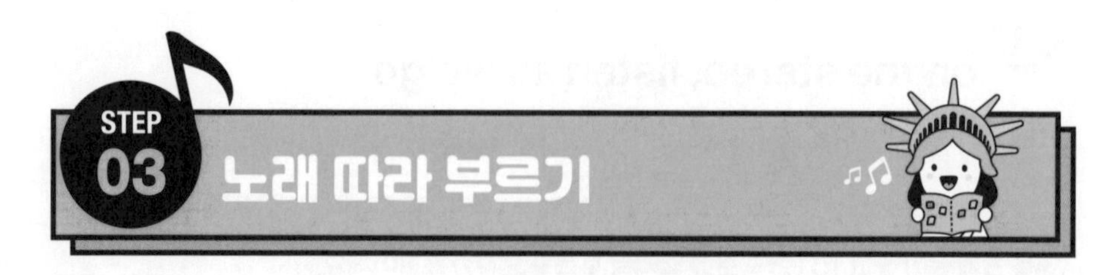

다시 Step 01으로 가서 노래도 듣고 따라 불러 보세요.

STEP 04 표현과 패턴 활용하기

We've been on ~

무언가를 일정 시간이나 기간 동안 계속해 왔을 때 쓰는 표현이에요. '~을 계속해 왔다'의 의미로 쓰입니다. 기본적으로 현재완료 표현의 의미는 같지만 전치사 on이 나오기 때문에 어떤 상태나 장소에 계속해서 무언가 진행되고 있을 때 사용하는 패턴이에요.

예 **We've been on the road for seven days.** 우린 일주일째 여행 중이야.
We've been on a date together. 우린 데이트를 해 오고 있어.

Nothing's gonna + V(동사)

'전체 부정' 문장으로 '어떠한 것도 ~할 수 없다'는 의미로 해석돼요. nothing과 같이 부정의 의미를 가진 단어가 맨 앞에 오면 문장 전체가 부정의 뜻이 돼요. nothing 외에도 none, nobody, neither, never 등이 전체 부정 표현에 쓰여요.

예 **Nothing's gonna change my decision.** 그 어떤 것도 나의 결심을 바꿀 순 없어.
Nothing's gonna happen. 아무 일도 일어나지 않을 거야.

gotta

회화나 팝송에 특히 자주 등장하는 gotta는 '의무'를 나타내는 표현인 have to 대신 사용할 수 있어요. 형태적으로는 got to를 줄인 말이에요. 원래 have to 의미와 동일하게 사용하려면 have got to로 사용해야 하지만 길어지기 때문에 have를 생략하고 got to만을 사용해서 gotta로 표현한 거예요. 그래서 I've gotta go.라고 말하는 사람도 있고, I gotta go.로 말하는 사람도 있는 걸 볼 수 있어요. gotta는 구어체로 글에는 잘 쓰지 않으니, 이 점 참고하세요!

예 **I gotta go now.** 나 지금 가야 해.
We gotta hang out before leave. 나 떠나기 전에 만나서 놀아야 해.

Unit 3

2018년에 영화 〈보헤미안 랩소디〉 개봉으로 '퀸(Queen)'의 노래들이 재조명 받으며 선풍적인 인기를 끌게 됐죠. 이 곡은 영국의 전설적인 밴드인 '퀸'의 보컬 프레디 머큐리(Freddie Mercury)가 연인인 메리 오스틴을 위해 만든 서정적인 발라드 곡이에요. 둘은 함께 살기도 했지만 프레디 머큐리가 자신의 성정체성을 깨달은 후 메리와의 관계는 연인에서 영혼의 단짝으로 바뀌게 되었죠. 둘은 각자 가정을 꾸리게 되었지만 프레디 머큐리가 생을 마감하는 순간까지 소울 메이트로서의 관계를 유지했어요. 프레디 머큐리가 에이즈로 1991년에 세상을 떠났을 때 그의 재산 대부분을 메리에게 남겼다고 해요.

공식적으로는 메리를 위해 작곡했다고 알려졌지만, 몇몇 사람들은 이 곡이 프레디 머큐리가 동성 연인과의 헤어짐을 두고 만든 노래라고 하기도 해요. 프레디 머큐리는 에이즈로 생을 마감하는 순간까지 커밍아웃하진 않았지만, 공공연히 사람들은 그가 동성애자일 것이라고 추측했는데요. 이 노래를 듣다가 조금 고개가 갸우뚱해지는 부분이 있다면 관점을 조금 달리해서 프레디 머큐리가 동성 연인을 향해 부르는 가사라고 생각하고 들으면 조금 다르게 느껴질 거예요.

이 노래를 좀 더 생생하게 느끼고 싶다면 '퀸'의 1985년 브라질 락인리오(Rock in Rio) 공연을 찾아 들어 보세요. 〈Love of My Life〉를 떼창하는 관중의 모습과 그 모습에 감명받는 프레디 머큐리의 모습이 고스란히 담겨 있답니다.

STEP 01 가사 보며 강의 듣기

Love of my life
You've hurt me
You've broken my heart and now you leave me

Love of my life, can't you see?
Bring it back, bring it back
Don't take it away from me
Because you don't know what it means to me

Love of my life, don't leave me
You've taken my love, you now desert me

Love of my life, can't you see?
Bring it back, bring it back
Don't take it away from me
Because you don't know what it means to me

love of my life 내 인생의 사랑

break one's heart ~의 가슴을 찢어 놓다

can't you see 모르시겠어요

bring somebody/something back ~을 데리고 돌아오다, ~을 돌려주다

take away 앗아가다, 제거하다

mean 의미하다

desert 〈사람 · 지위 · 장소 등을〉 (특히 의무 · 약속을 어기고) 버리다, 유기하다, (장소를) 비우다

내 생의 사랑
당신은 내게 상처를 줬어
당신은 내 가슴을 찢어 놓고 이제 날 떠나려 해

내 생의 사랑, 모르시겠나요?
다시 돌려주세요, 돌려주세요
나에게서 빼앗아 가지 말아 줘요
그게 내게 어떤 의미인지 당신은 모르잖아요

내 생의 사랑, 날 떠나지 말아요
내 사랑을 가져가고 이젠 날 버리네요

내 생의 사랑, 모르겠나요?
돌려주세요, 돌려주세요
내게서 빼앗아 가지 말아 줘요
그게 내게 어떤 의미인지 당신은 모르잖아요

STEP 01 가사 보며 강의 듣기

You'll remember when this is blown over
And everything's all by the way
When I grow older I will be there at your side
To remind you how I still love you
I still love you

Oh, hurry back, hurry back
Please bring it back home to me
Because you don't know what it means to me

Love of my life
Love of my life

blow over 잠잠해지다, 잊혀지다

at one's side ~의 곁에, 바로 옆에

remind ~에게 상기시키다
***remind somebody how** ~에게 어떻게(얼마나) ~인지를 다시 말해 주다

still 아직도, 여전히

hurry back 곧 다시 오다, 급히 돌아오다

이 슬픔이 사라지게 되면 당신은 떠올리게 될 거예요
모든 것들이 제자리를 찾을 때쯤 말이죠
좀 더 성숙해지면 그때 당신 곁에 있을게요
당신을 얼마나 지금도 사랑하는지 알려 줄 거예요
당신을 여전히 사랑해요

오, 돌아와요, 돌아와요
제발 내게 다시 돌아와 줘요
그게 내게 어떤 의미인지 당신은 모르잖아요

내 생의 사랑
내 생의 사랑

STEP 02 핵심 표현 학습하기

Love of my life

내 생의 사랑

이 노래의 제목이기도 한 〈Love of My Life〉는 프레디 머큐리가 자신의 소울 메이트이자 연인인 메리에게 바치는 노래예요. 단순히 스쳐 지나가는 사랑이 아니라 인생에 있어 가장 소중한 존재라는 프레디 머큐리의 마음을 담은 표현이에요.

발음 포인트 love of my life는 [러봅마라잎]**으로 자연스럽게 발음해 보세요.**

You've hurt me

당신은 내게 상처를 줬어

이 문장에서 You've hurt me는 동사가 현재완료 형태로 '결과적 용법'으로 해석 가능한 표현이에요. 단순 시제를 사용하지 않고 현재완료를 사용함으로써 자신이 상처 받은 일로 인해 현재 어떤 심정인지를 좀 더 생생하게 표현하고 있어요. hurt는 이 문장에서 동사로 사용됐어요. hurt는 '현재형-과거형-과거분사형'이 모두 같은 동사로 hurt-hurt-hurt의 형태예요. 그래서 이 문장의 시제는 현재완료이기 때문에 〈have+hurt(과거분사)〉로 이해해야 해요.

발음 포인트 you've는 you have**의 축약형이에요.** [유브] **대신** [윱]**으로 발음하면 좀 더 편안하게 발음할 수 있어요.** hurt는 [허얼ㅌ]**로 발음해 주세요.**

You've broken my heart and now you leave me

당신은 내 가슴을 찢어 놓고 이제 날 떠나려 해

이 곡에서는 현재완료 시제가 많이 사용되었네요. 앞서 배운 것과 마찬가지로 이 문장의 시제도 현재완료입니다. 원어민들은 보통 상처 받거나 가슴 찢어지는 슬픔을 느낄 때 동사 break를 이용한 break one's heart라는 표현을 사용해요. 심장이 찢겨지는 고통이니 얼마나 마음이 아플지 프레디 머큐리의 슬픔이 잘 드러나는 가사라고 볼 수 있어요.

발음 포인트 **live와 leave의 발음 차이를 아시나요? 비슷해 보이지만 소리의 길이기 다르기 때문에 유의해서 발음해야 해요. live** [liv]**는 짧게 발음되어** [리브]**, leave** [li:v]**는 길게 발음되어** [리~~브]**로 발음합니다.**

Bring it back, bring it back

돌려줘요, 돌려줘요

bring을 사전에서 찾아보면 굉장히 뜻이 많다는 걸 알 수 있어요. bring something back은 구동사로 '~에게 ~을 돌려주다'로 해석하고 it에 대한 해석을 고민해 볼 필요가 있어요. 프레디 머큐리가 다시 되찾고 싶었던 건 무엇일까요? 그건 아마 메리와의 '사랑'이 아니었을까요? 다시 그 사랑을 돌려 달라는 말은 다시 자신을 사랑해 달라는 표현으로 이해할 수 있어요.

발음 포인트 **bring it back은 한 덩어리로** [브링잇뷁]**으로 발음해 보세요.**

STEP 02 핵심 표현 학습하기

Don't take it away from me

나에게서 빼앗아 가지 말아 줘요

이 문장에서도 구동사가 쓰였네요. take something away는 '~을 없애다, 빼앗다'라는 의미의 표현인데요. take away는 '~을 ~에서 빼다'와 '(음식을) 포장해 가다'라는 의미로도 쓰여요. 음식을 포장할 때 사용하는 take away는 보통 영국과 호주에서 많이 사용된답니다.

발음 포인트 take it away는 [테이크잇어웨이]**라고 딱딱하게 발음하기보다는** [테이끼러웨이]**처럼 자연스럽게 연음해서 발음해 보세요.**

You've taken my love, you now desert me

내 사랑을 가져가고 이젠 날 버리네요

'내게서 사랑만을 취하고 정작 나를 버렸다'라는 뜻으로 아낌없이 순수하게 사랑했지만 혼자 남게 될 자신의 모습이 두려운 심정을 잘 표현한 가사예요. desert는 보통 '사막'으로 알고 계시죠. 그런데 desert가 동사로 쓰이면 '(자녀, 배우자 등)을 버리다', '(군인이) 탈영하다', '(소속해 있던 단체 등)을 탈퇴하다' 등으로 다양하게 사용돼요. 이 문장에서는 '~을 버리다'의 뜻으로 쓰였어요.

발음 포인트 **desert는 '명사'인지 '동사'인지에 따라 발음이 달라지니 유의하세요!**

- **desert [dézərt]** n. 사막, 황무지 *명사는 앞에 강세
- **desert [dizə́:rt]** v. (자녀, 배우자 등을) 버리다, 돌보지 않다 *동사는 뒤에 강세

And everything is all by the way

모든 것들이 제자리를 찾을 때쯤 말이죠

이 문장은 비문이라고 볼 수 있을 정도로 의미가 명확하지 않은 표현이에요. 이 곡을 쓴 프레디 머큐리만이 그 뜻을 가장 잘 알겠죠?

When I grow older, I will be there at your side

좀 더 성숙해지면, 그때 당신 곁에 있을게요

사랑하는 사람이 있다면 "I will be there at your side."라고 꼭 말해 보세요. 사랑한다는 말보다 "항상 당신 편에 설게요"라는 말이 때로는 더 큰 감동을 줄 때가 있죠. there을 생략하고 I will be at your side.로도 많이 사용됩니다.

발음 포인트 at your side는 **부드럽게 한 덩어리로 이어서** [엣츄r싸이ㄷ]**로 발음해 보세요.**

To remind you how I still love you

당신을 얼마나 사랑하는지 알려 줄 거예요

remind somebody how는 '~에게 어떻게(얼마나) ~인지를 다시 말해 주다'를 뜻하는 표현이에요. remind는 단순히 '알려 주다'의 개념보다는 '상기시켜 주다'에 더 가까워요.

발음 포인트 remind you는 **연음으로** [리마인쥬]**로 자연스럽게 발음해 보세요.**

STEP 02 핵심 표현 학습하기

Oh, hurry back, hurry back

오, 돌아와요, 빨리 돌아와요

hurry back은 '급히 되돌아오다, 서둘러서 돌아오다'를 의미해요. 떠나간 연인에게 서둘러서 돌아와 달라는 간절함이 느껴지는 가사예요.

Please bring it back home to me

제발 내게 다시 돌아와 줘요

직역하면 '집으로 그것을 다시 가져다 달라'는 뜻인데, 여기서 it은 사랑이란 감정으로 볼 수 있어요. bring somebody back home은 '~을 집으로 데려오다'는 뜻으로 사용돼요. 여기서 back 다음에 to가 사용되지 않는다는 점에 유의하세요.

다시 Step 01으로 가서 노래도 듣고 따라 불러 보세요.

STEP 04

표현과 패턴 활용하기

Can't you see?

상대방에게 '~인지 모르겠어요?'라고 의견을 확인하며 되물을 때 또는 상대에게 답답함을 드러낼 때 쓰는 표현이에요. 여기서 동사 see는 '보다'라는 뜻보다 '이해하다'로 해석하는 게 자연스러워요. 원어민들은 Don't you understand?보다 Can't you see?라는 표현을 더 자주 사용해요.

예 **Can't you see why I am upset?** 내가 왜 화가 났는지 모르겠어?

Can't you see what's going on? 분위기 파악 좀 하세요!

When I grow older

When I grow old는 정말로 나이가 들어 늙거나 어른이 되는 것을 의미할 수도 있고, 성숙해지는 것을 의미할 수도 있어요. 이 표현에서는 older라는 비교급을 사용함으로써 지금보다는 좀 더 나이가 든 후를 의미해요. 보통 '나이가 들다, 늙다'라는 표현으로 grow old 외에 get old도 사용하니 알아 두세요.

예 **When I grow older, I'll probably be like my dad.**

나이가 들면, 나도 아빠처럼 되겠지.

When I get older, I want to live in countryside.

나이 먹으면, 한적한 시골에서 살고 싶어.

bring somebody/something back

bring back은 기본적으로는 '~을 데리고 돌아오다', '~을 가져다주다'를 의미하지만 문맥에 따라 뜻이 달라지기 때문에 상황에 맞게 해석해야 해요.

예 **Please bring back all books by the end of the week.**

이번 주말까지 책을 모두 반납해 주시기 바랍니다.

Can you bring me back a cup of coffee?

커피 한 잔 가져다 주시겠어요?

Unit 4

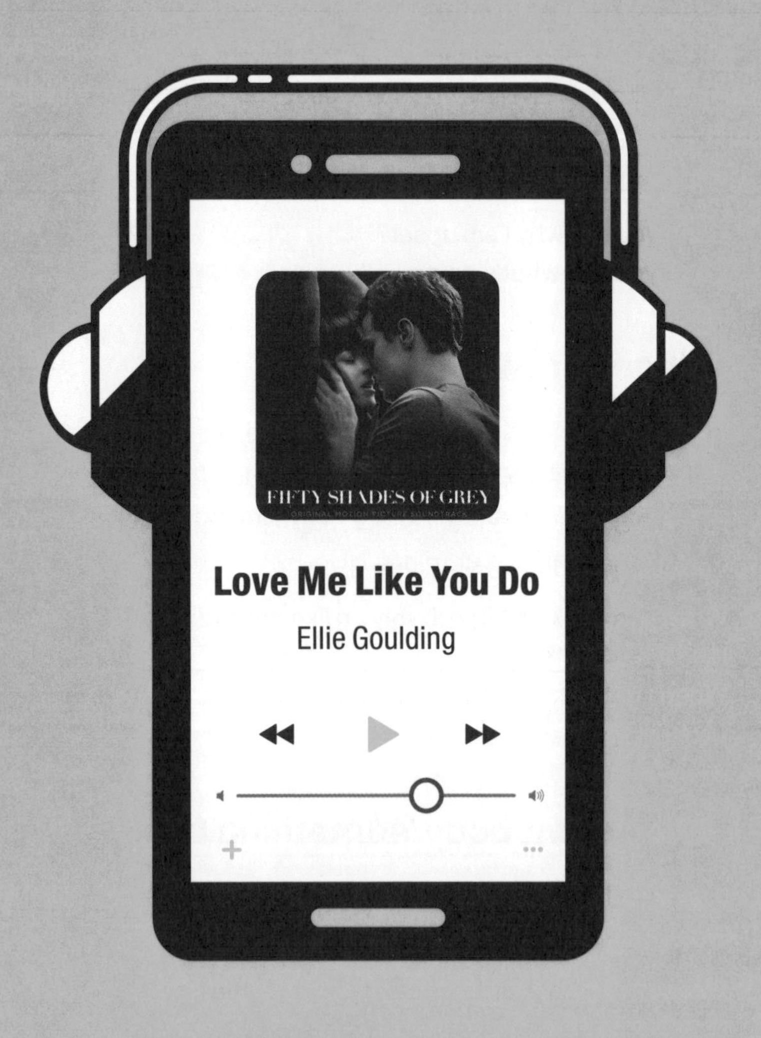

FIFTY SHADES OF GREY
ORIGINAL MOTION PICTURE SOUNDTRACK
Love Me Like You Do
Ellie Goulding

엘리 골딩은 〈How Long Will I Love You〉로 2014년 브릿 어워드에서 최우수 여성 아티스트 부분을 수상하고, 그 뒤 발매한 곡들이 연이어 히트 치면서 OST계에 신데렐라가 되었답니다. 영화 〈그레이의 50가지 그림자〉의 OST로 널리 알려진 그녀의 노래 〈Love Me Like You Do〉는 빌보드 순위 3위, 영국 차트 1위를 기록하기도 했어요. 이제는 OST계의 신데렐라에서 OST의 여왕으로 거듭난 엘리 골딩의 노래 〈Love Me Like You Do〉를 자세히 들여다볼까요?

STEP 01 가사 보며 강의 듣기

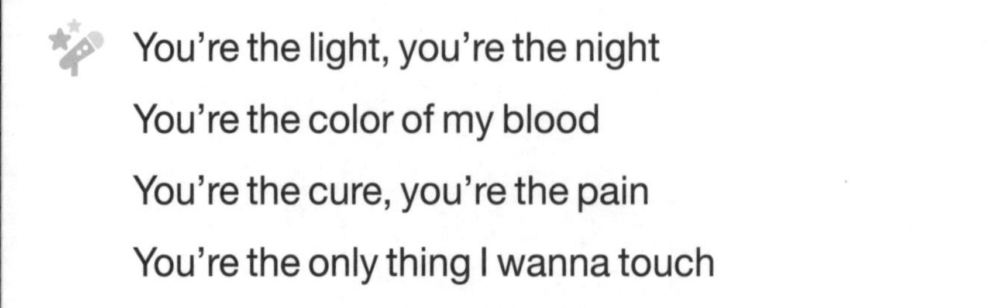

You're the light, you're the night
You're the color of my blood
You're the cure, you're the pain
You're the only thing I wanna touch
Never knew that it could mean so much, so much

You're the fear, I don't care
'Cause I've never been so high
Follow me to the dark
Let me take you past our satellites
You can see the world you brought to life, to life

So love me like you do, lo-lo-love me like you do
Love me like you do, lo-lo-love me like you do
Touch me like you do, to-to-touch me like you do
What are you waiting for?

color of blood 피의 색
pain 아픔, 통증, 고통
so much 얼마만큼(의), 그만큼
satellites (인공)위성
cure 치료, 치료제, 치료법
mean ~을 뜻하다, 의미하다
fear 두려움, 무서움
brought bring(가져오다)의 과거형

당신은 빛이고, 밤이죠
당신은 내 피의 빛깔이죠
당신은 치유제이자 고통이기도 해요
당신은 내가 만지고 싶은 유일한 존재이죠
이렇게 내게 큰 의미가 될 거라곤 생각하지 못했죠

당신은 내게 두려움이지만, 신경 쓰지 않아요
왜냐하면 내 생애 이런 짜릿함은 처음이거든요
어둠 속으로 날 따라와요
지금껏 보지 못한 새로운 세상을 보게 해 줄게요
당신이 우리의 삶에 가져온 세상을 보게 될 거예요

그러니 당신이 하던 대로 날 사랑해 줘요, 당신 방식대로 날 사랑해 줘요
당신 방식대로 날 사랑해 줘요, 당신 방식대로 날 사랑해 줘요
당신이 하던 대로 날 만져 줘요, 당신이 하던 대로 날 만져 줘요
뭘 망설이고 있는 거예요?

STEP 01 가사 보며 강의 듣기

Fading in, fading out
On the edge of paradise
Every inch of your skin is a holy grail I've gotta find
Only you can set my heart on fire, on fire

Yeah, I'll let you set the pace
'Cause I'm not thinking straight

My head's spinning around, I can't see clear no more
What are you waiting for?

Love me like you do, lo-lo-love me like you do
Love me like you do, lo-lo-love me like you do
Touch me like you do, to-to-touch me like you do
What are you waiting for?

fade in 점점 뚜렷해지다 ↔ **fade out** 점점 흐려지다

on the edge of ~의 가장자리에

paradise 천국, 낙원

holy grail 성배(중세의 전설로, 그리스도가 최후의 만찬에서 썼다는 술잔)

set ~ on fire ~에 불을 지르다, 흥분시키다

set the pace 보조를 맞추다, 첨단을 달리다

think straight 논리적으로 생각하다, 이성적으로 생각하다

spin around 빙글빙글 돌다

또렷해지고, 또 희미해져요
천국의 끝자락에서
당신의 몸 구석구석 모두 내가 찾아야 할 성배예요
오직 당신만이 날 흥분시킬 수 있죠

당신이 이끄는 대로 따라갈게요
왜냐면 지금 난 이성적으로 생각할 수 없는 상태니까요

머릿속은 빙빙 돌고, 더 이상 무엇도 분명하게 보이지 않아요
뭘 망설이고 있는 거예요?

당신이 하던 대로 날 사랑해 줘요, 당신 방식대로 날 사랑해 줘요
당신 방식대로 날 사랑해 줘요, 당신 방식대로 날 사랑해 줘요
당신이 하던 대로 날 만져 줘요, 당신이 하던 대로 날 만져 줘요
뭘 망설이고 있는 거예요?

STEP 01 가사 보며 강의 듣기

Love me like you do, lo-lo-love me like you do (like you do)
Love me like you do, lo-lo-love me like you do (yeah)
Touch me like you do, to-to-touch me like you do
What are you waiting for?

I'll let you set the pace
'Cause I'm not thinking straight

My head's spinning around, I can't see clear no more
What are you waiting for?

Love me like you do, lo-lo-love me like you do (like you do)
Love me like you do, lo-lo-love me like you do (yeah)
Touch me like you do, to-to-touch me like you do
What are you waiting for?

Love me like you do, lo-lo-love me like you do (like you do)
Love me like you do, lo-lo-love me like you do (yeah)
Touch me like you do, to-to-touch me like you do
What are you waiting for?

당신이 하던 대로 날 사랑해 줘요, 당신 방식대로 날 사랑해 줘요
당신 방식대로 날 사랑해 줘요, 당신 방식대로 날 사랑해 줘요
당신이 하던 대로 날 만져 줘요, 당신이 하던 대로 날 만져 줘요
뭘 망설이고 있는 거예요?

당신이 이끄는 대로 따라갈게요
왜냐면 지금 난 이성적으로 생각할 수 없는 상태니까요

머릿속은 빙빙 돌고, 더 이상 제대로 판단이 어려워졌어요
뭘 망설이고 있는 거예요?

당신이 이끄는 대로 따라갈게요
왜냐면 지금 난 이성적으로 생각할 수 없는 상태니까요

머릿속은 빙빙 돌고, 더 이상 제대로 판단이 어려워졌어요
뭘 망설이고 있는 거예요?

당신이 하던 대로 날 사랑해 줘요, 당신 방식대로 날 사랑해 줘요
당신 방식대로 날 사랑해 줘요, 당신 방식대로 날 사랑해 줘요
당신이 하던 대로 날 만져 줘요, 당신이 하던 대로 날 만져 줘요
뭘 망설이고 있는 거예요?

핵심 표현 학습하기

You're the light, you're the night

당신은 빛이고, 밤이죠

영화 〈그레이의 50가지 그림자〉를 본 다음 이 노래를 들으면 좀 더 가사가 생생하게 다가올 거예요. 젊고 섹시한 능력 있는 남자 주인공 그레이는 겉으로 보여지는 모습과는 달리 독특한 성적 취향을 가지고 있어요. 이런 이유 때문에 영화 제목도 〈그레이의 50가지 그림자〉가 되었죠. 이처럼 이 영화의 OST인 〈Love Me Like You Do〉도 상반되는 단어들을 사용하여 그레이의 양면성을 잘 묘사했어요. '빛(light)'과 '밤(night)'은 은 상반되는 개념의 단어이죠. 밝은 빛과 같은 면도 있고, 어두운 밤과 같은 모습도 가진 그레이의 캐릭터를 잘 묘사해 주는 구절이기도 해요.

You're the color of my blood

당신은 내 피의 빛깔이죠

이 가사는 은유(metaphor)를 사용한 표현이에요. 우리 몸에 피가 없다면 어떻게 될까요? 당연히 살수 없겠죠. 그만큼 피는 우리가 생명을 유지하는 데 필요한 매우 중요한 요소이죠. '당신은 나의 피의 색이다'라고 다소 부자연스럽게 직역되어 있는데요. '인생에서 가장 소중한 존재'라는 느낌으로 이해하면 가사가 좀 더 와닿을 거예요.

You're the cure, you're the pain

당신은 치유제이자 고통이기도 해요

이 가사를 영화에 대입해서 생각해 보면 영화에서 그레이는 사디스트로 잠자리 상대에게 폭력성을 보이는데요. 여주인공인 아나스타샤에게 육체적인 고통을 주었죠. 〈그레이의 50가지 그림자〉 1편에서는 그런 그레이의 성향 때문에 그레이를 피하는 여주인공의 모습을 볼 수 있어요. 하지만 이내 둘은 사랑하게 되고 결국 서로에게 안식처이자 치유제(cure)가 되었죠.

'Cause I've never been so high

왜냐하면 내 생애 이런 짜릿함은 처음이거든요

cause는 '원인, 이유'를 뜻하는 명사이고 'cause는 because의 비격식 표현으로 이유(~ 때문에)를 나타내는 접속사예요. I've never been so high에서는 두 가지 포인트를 이해해야 하는데요. 첫 번째로 I've never been so ~는 '이렇게 ~해 본 적은 처음이야'라는 뜻이에요. 두 번째 포인트는 high를 정확히 이해하는 건데요. high는 '높은'이라고 직역하는 것이 아니라 '기분이 좋다'를 넘어서 '주체하지 못할 정도로 기분이 좋다'로 이해해야 해요. 격한 운동을 하거나 마약을 했을 때에도 feel high라는 표현을 사용하니 알아 두세요.

STEP 02 핵심 표현 학습하기

Let me take you past our satellites

지금껏 보지 못한 새로운 세상을 보게 해 줄게요

아마도 이 가사가 이 노래에서 가장 이해하기 어려웠을 거예요. 당신을 위성 너머로 데려가겠다는 건 곧 우주의 세계로 데려가겠다는 의미로 지금껏 경험하지 못한 새로운 것을 경험하게 해 주겠다는 의미로 볼 수 있어요. 영화에서 아나스타샤가 그레이의 개인 헬기를 타고 그레이의 저택으로 향할 때 흘러나오던 노래가 바로 〈Love Me Like You Do〉랍니다. 위성을 지나 우주까지 가는 것만큼이나 평범한 세상에서 살던 아나스타샤에게 그레이가 사는 고층 팬트 하우스 세상은 완전히 새로운 세상으로 다가왔겠죠.

발음 포인트 **Let me take you ~는 [랜미테잌뀨]로, satellites는 [쎄롤라잇ㅊ]로 발음해 보세요.**

Fading in, fading out

또렷해지고, 또 희미해져요

fade의 기본 뜻은 '점차 사라지다, 희미해지다'예요. 사라지거나 나타나는 대상이 영상이 될 수도 있고 소리가 될 수도 있답니다. 영화관에 가면 화면이 처음에는 어둡다가 점점 밝아지면서 영상이 나오죠? 그렇게 화면이나 소리가 점점 뚜렷해지는 게 바로 fade in이에요. 반대로 fade out은 '점차 희미해지다'라는 의미로 영화가 끝나고 화면이 점차 어두워지면서 사라지는 장면을 생각하면 이해하기 쉬울 거예요.

On the edge of paradise

천국의 끝자락에서

on the edge of ~는 '~의 가장자리에', '막 ~하려는 참에'라는 두 가지 뜻이 있어요. 이 문장에서는 '~의 가장자리에'라는 뜻으로 해석하면 된답니다. '막 ~하려는 참에'라는 뜻이 다소 생소하게 느껴질 수 있을 거예요. 예문을 통해 함께 살펴볼까요?

예 **I am on the edge of tears right now.** 나 지금 울기 직전이야.
He is on the edge of death. 그는 임종을 앞두고 있다.

Every inch of your skin is a holy grail I've gotta find

당신의 몸 구석구석 모두 내가 찾아야 할 성배예요

holy grail(성배)은 '성스러운 잔' 또는 '고귀한 잔'이란 뜻이에요. grail이라는 단어의 유래를 보면 프랑스의 성인 '상 레알(sang real)'에서 나왔을 거라는 추측이 있어요. '왕의 피'라는 뜻인데 '예수의 피'를 가리키기도 하구요. 시간이 흐르면서 상 레알은 상 그레알(san greal)로 바뀌었고, 나중에는 영어화되어 'Holy Grail'이 되었다고 전해지고 있어요.

I'll let you set the pace

당신이 이끄는 대로 따라갈게요

set the pace를 직역하면 '속도를 맞추다'로 해석할 수 있는데요. 이 문장에서 I'll let you set the pace라는 문장을 쓴 이유는 '상대방이 속도를 조절할 수 있게 한다'는 뜻이기 때문에 상대방이 정한 속도대로 따르겠다는 의미로 이해할 수 있어요.

STEP 02 핵심 표현 학습하기

'Cause I'm not thinking straight

왜냐면 지금 난 이성적으로 생각할 수 없는 상태니까요

think straight는 '논리적으로 생각하다', '명쾌하게 생각하다'라는 뜻인데 이 문장에서는 straight 하게 생각할 수 없다고 했으니 '이성적으로 생각할 수 없는 상태이다'로 이해하면 되겠죠? 사랑에 빠지면 이성이 마비되고 마음이 이끄는 대로 하게 되는 감정을 잘 묘사한 가사예요.

My head's spinning around, I can't see clear no more

머릿속은 빙빙 돌고, 더 이상 제대로 판단하기가 어려워졌어요

'머리가 빙빙 돈다'는 표현인 my head's spinning around는 비보이가 바닥에 머리를 대고 빙빙 도는 게 아니라 '머릿속이 빙빙 돌아 어지러운 느낌'이랍니다. I can't see clear no more에서는 부사인 clearly를 써야 문법적으로 맞지만, 팝송에서는 가끔 이렇게 문법적으로는 맞지 않는 표현도 종종 등장하곤 합니다.

다시 Step 01으로 가서 노래도 듣고 따라 불러 보세요.

STEP 04 표현과 패턴 활용하기

You're the only thing[one] ~

'당신은 ~하는 유일한 사람이에요'라고 해석되며 thing 대신에 one으로 바꿔 사용할 수도 있어요. You're the only thing 다음에는 보통 that이 나오는데 that은 생략 가능하답니다.

예 **You're the only thing I trust.** 당신은 제가 믿는 유일한 사람이에요.
You're the only one that I love. 당신은 내가 사랑하는 유일한 사람이야.

I've never p.p(과거분사)

'나는 한 번도 ~해 본 적이 없다'의 뜻으로 '경험'을 나타내는 현재완료 용법이에요.

예 **I've never been this way.** 전에는 이런 적이 없었거든요.
I've never been happier in my life! 기분이 끝내주는데요!

Let me take you ~

'내가 ~에 데려다줄게'를 뜻하는 패턴이에요. 사역동사 let은 기본적으로 '~에게 ~를 시키다', '~에게 ~을 하게 하다'를 의미해요. 한국인들이 사용하기 어려워하는 대표적인 단어이기도 하니 let을 사용한 문장을 자주 활용해 보세요.

예 **Let me take you home.** 내가 집에 데려다줄게.
Let me take you out for dinner tonight. 오늘 제가 저녁 살게요.

What are you V(동사)-ing?

' ~을 하고 있어?'의 의미로 쓰이며 빈도수가 높은 표현이므로 꼭 사용해 보세요.

예 **What are you looking at?** 뭘 보고 있는 거야?
What are you doing this weekend? 이번 주말에 뭐 할 거야?

Unit 5

HAILEE STEINFELD
& GREY
Starving
ft ZEDD
Starving
Hailee Steinfeld, Grey
(feat. Zedd)

제드와 그레이가 프로듀싱하고 헤일리가 보컬을 맡은 〈Starving〉은 헤일리의 산뜻하고 소울 가득한 목소리가 돋보이는 곡이에요. 연인으로 인해 새로운 감각에 눈을 뜨고 시각이 열리면서 모든 것이 새롭게 느껴진다는 감정을 표현한 곡이에요. 헤일리 스테인펠드는 원래 아역 배우로 시작해 〈범블비〉, 〈비긴 어게인〉 같은 굵직굵직한 영화에서 필모그래피를 쌓으며 성공적으로 커리어를 쌓아 나가던 배우였는데요. 평소 음악에 관심이 많아 곡을 혼자서 써 보곤 했는데 그러던 중 뉴욕의 한 행사장에서 리퍼블릭 레코즈 대표 찰리 워크(Charlie Walk)를 만나게 되었고, 그 계기를 통해 가수로서의 새로운 커리어를 시작하게 되었답니다. 배우와 가수, 모델을 넘나드는 재능 넘치는 그녀의 노래, 〈Starving〉을 같이 감상해 볼까요?

STEP 01 가사 보며 강의 듣기

You know just what to say
Shit, that scares me, I should just walk away
But I can't move my feet
The more that I know you, the more I want to
Something inside me's changed
I was so much younger yesterday, oh

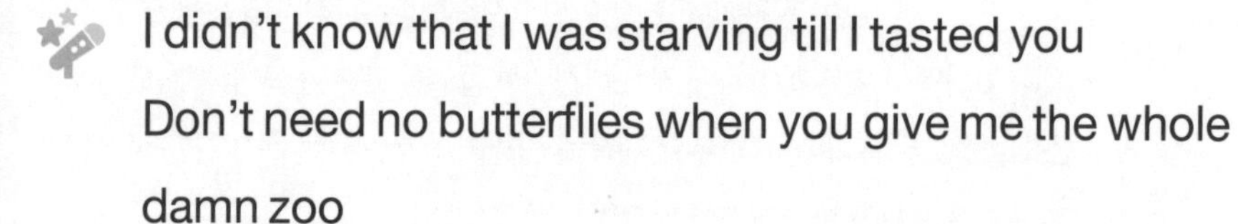

I didn't know that I was starving till I tasted you
Don't need no butterflies when you give me the whole damn zoo
By the way, by the way, you do things to my body
I didn't know that I was starving till I tasted you

By the way, by the way, you do things to my body
I didn't know that I was starving till I tasted you

shit 젠장, 빌어먹을

scare 겁주다

walk away (힘든 상황 · 관계를 외면하고) 떠나 버리다

feet (foot의 복수형) 발

much 훨씬, 엄청

younger (young의 비교급) 더 어린, 덜 성숙한

starve 굶주리다, 굶기다

taste 맛, 취향, 맛보다

damn 빌어먹을

till ~까지, ~에 이르기까지

whole 전체의, 전부의, 모든

by the way 그런데, 그나저나

무슨 말을 해야 하는지 알잖아
젠장, 막상 들으려니 겁나네, 그냥 떠나 버려야 하는데
발이 떨어지질 않아
너를 알면 알수록 널 더 원하게 돼
내 안에 무언가가 변했어
어제의 난 너무 어렸어

널 맛보기 전까진 내가 이렇게 굶주려 있다는 걸 몰랐어
네가 동물원을 통째로 주는데 나비 따위가 눈에 들어오겠니
그건 그렇고 지금 당장 날 가져 봐
널 맛보기 전까진 내가 이렇게 굶주려 있다는 걸 몰랐어

그건 그렇고 지금 당장 날 가져 봐
널 맛보기 전까진 내가 이렇게 굶주려 있다는 걸 몰랐어

STEP 01 가사 보며 강의 듣기

You know just how to make my heart beat faster
Emotional earthquake, bring on disaster
You hit me head-on, got me weak in my knees
Yeah, something inside me's changed
I was so much younger yesterday, ye-eah
So much younger yesterday, oh, yeah

I didn't know that I was starving till I tasted you
Don't need no butterflies when you give me the whole damn zoo
By the way, by the way, you do things to my body
I didn't know that I was starving till I tasted you

By the way, by the way, you do things to my body
I didn't know that I was starving till I tasted you

heart beat 심장 박동, 심장 소리
earthquake 지진
disaster 재난, 재앙
head-on 정면으로 부딪친
knee 무릎
emotional 감정의, 감정적인
bring on ~을 야기하다, 초래하다
hit 치다, 때리다
weak 약한, 힘이 없는

너는 내 심장을 미친 듯이 뛰게 하는 법을 잘 알아
감정의 지진은 재앙을 부르게 될 거야
넌 날 뒤흔들어 놓고, 서 있기조차 힘들게 만들어
내 안에 무언가가 변한 거야
어제의 난 너무 어렸었는데 말이야
진짜 어렸지

널 맛보기 전까진 내가 이렇게 굶주려 있다는 걸 몰랐어
네가 동물원을 통째로 주는데 나비 따위가 눈에 들어 오겠니
그건 그렇고 지금 당장 날 가져 봐
널 맛보기 전까진 내가 이렇게 굶주려 있다는 걸 몰랐어

그건 그렇고 지금 당장 날 가져 봐
널 맛보기 전까진 내가 이렇게 굶주려 있다는 걸 몰랐어

STEP 01 가사 보며 강의 듣기

You, yeah, till I tasted you

(I didn't know that I-I didn't know that I-till I tasted you)

By the way, by the way, you do things to my body

I didn't know that I was starving till I tasted you, ooh, ooh, ooh, ooh

Na-na-na-na

Na-na-na-na

The more that I know you, the more I want to

Something inside me's changed

I was so much younger yesterday

가사 해석

너 말이야, 널 맛보기 전까진 말이야
(정말로 몰랐어 정말로 몰랐어 널 맛보기 전까진 말이야)
그건 그렇고 지금 당장 날 가져 봐
널 맛보기 전까진 내가 이렇게 굶주려 있다는 걸 몰랐어

나-나-나-나
나-나-나-나
너를 알면 알수록 널 더 원하게 돼
내 안에 무언가가 변했어
어제의 난 너무 어렸어

STEP 02 핵심 표현 학습하기

Shit, that scares me, I should just walk away

젠장, 막상 들으려니 겁나네, 그냥 떠나 버려야 하는데

헤일리 본인도 20대 초반이기도 하고 헤일리의 노래를 즐겨 듣는 연령대가 젊다 보니 가사가 다소 거칠어 보일 순 있지만 젊은이들이 평소에 사용하는 표현들을 여과 없이 들을 수 있어요. scare에 대한 표현을 좀 더 자세히 살펴볼게요. 한 유명 아이돌이 해외 토크쇼에 출연해서 '무서웠다'는 표현을 "I was scary."라고 말한 적이 있어요. 이렇게 되면 내가 무서움을 느낀 게 아니라, 내가 무서운 대상이 되는 거예요. 내가 무서움을 느꼈다면 I am scared. 또는 It scares me./ It is scary.로 표현할 수 있어요

But I can't move my feet

발이 떨어지질 않아

우리말에 '발이 떨어지지 않는다'는 표현이 있죠? 쉽게 행동하기 어려운 상황을 영어에서도 '발이 움직여지지 않는다'로 표현한다는 걸 알 수 있어요.

발음 포인트 **can과 can't 발음을 구분하는 게 생각보다 쉽지 않죠. 원어민들이 발음하는 걸 들어 보면 모두** [캔]**으로 들리는 것 같지 않나요? 하지만 사실 미세한 차이가 있답니다. '할 수 있다'의 can은** [캔]**보다는** [큰]**에 가깝고 '할 수 없다'의 can't 은** [캐앤ㅌ]**에 가까운 소리가 나요.** [캐앤]**을 조금 길게 늘리면서 소리를 누르며 'ㅌ' 사운드가 탁 끊어지는 느낌이 나야 해요. 그래도 너무 헷갈린다면 can't을 cannot으로 풀어서** [캔낫]**으로 말하거나 영국식, 호주식 발음으로** [칸트]**로 발음하는 것도 전략이 될 수 있어요.**

Something inside me's changed

내 안에 무언가가 변했어

me's는 me has의 축약 형태예요. 내 안의 무언가가 변했다고 말하며 점점 어른의 사랑에 눈을 떠 가는 자신의 모습을 표현한 가사예요. 헤일리는 인터뷰에서 첫 키스를 회상하며 과거 쑥스러움을 잘 타고 순수했던 자신의 모습을 이야기한 적이 있는데요. 아역 배우로 활동했기 때문에 그녀가 성장하는 모습을 대중들은 함께 지켜봐 왔어요. 그녀는 20대에 들어서는 좀 더 다양하고 과감한 시도를 함으로써 대중에게 자신의 성장 과정을 있는 그대로 보여 주며 많은 사랑을 받고 있어요.

발음 포인트 **영어에서 -ing은 [잉]보다는 [인] 소리에 가까워요. something은 [썸띵]으로 발음하기보다는 [썸띤]으로 발음해야 원어민의 발음에 가까워져요.**

I was so much younger yesterday, oh

어제의 난 너무 어렸어

여기서의 '어렸다'는 표현은 나이가 어렸다는 의미보다는 어렸기 때문에 순진했다는 의미로 문맥에 맞게 이해할 수 있어요. 여기서 much는 '훨씬' 또는 '너무'의 의미로 younger와 같이 비교급을 강조할 때 사용해요.

발음 포인트 **I was ~는 문장에서 중요한 요소들인 '내용어(content words, 명사 형용사 동사 등)'를 돕는 '기능어(functional words, 전치사 관사 접속사 부사)'이기 때문에 빠르게 연음해서 발음해요. [아이]까지 발음하지 말고 [아워ㅈ]로 빠르게 연음시켜 발음해 보세요.**

STEP 02 핵심 표현 학습하기

I didn't know that I was starving till I tasted you

널 맛보기 전까진 내가 이렇게 굶주려 있다는 걸 몰랐어

다소 선정적으로 느껴질 수 있는 가사지만, 막 이성에 눈뜨고 격정적으로 사랑을 나누는 젊은 남녀의 모습을 잘 드러내 주는 가사예요. starving은 hungry(배고픈)보다 좀 더 강한 의미로 '굶주린'으로 해석할 수 있어요.

발음 포인트 I didn't know that은 한 덩어리로 [아디른노우댓]으로 발음해 보세요.

Don't need no butterflies when you give me the whole damn zoo

네가 동물원을 통째로 주는데 나비 따위가 눈에 들어오겠니

개인적으로 이 노래에서 가장 감각적인 구절이라고 생각되는데요. '나비'는 서정적이고 여린 느낌을 주는 대상이고 '동물원'에는 귀여운 양, 개구쟁이 원숭이에서부터 거친 사자에 이르기까지 다양한 동물들이 있는 공간이죠. 새롭게 하게 된 사랑은 다양한 감각에 눈뜨게 하는 다채로운 사랑이란 걸 동물원에 비유했어요.

By the way, by the way, you do things to my body

그건 그렇고, 지금 당장 날 가져 봐

do는 다양하게 해석될 수 있는 동사인데요. 여기선 '네가 나에게 그런 짓을 했다'는 수동적인 느낌보다는 '네가 했던 것들 나에게 다시 해 봐' 정도로 이해하면 좋을 듯해요. 점점 수동적이고 소극적인 모습에서 과감한 모습으로 변해 가는 심리 변화를 잘 표현하고 있어요.

You know just how to make my heart beat faster

너는 내 심장을 미친 듯이 뛰게 하는 법을 잘 알아

how to ~는 '~하는 법'으로 일상 회화에 자주 사용되는 표현이니 꼭 알아 두세요. how to make my heart beat faster를 직역하면 '심장을 좀 더 빠르게 뛰는 법'이지만 격정적인 느낌을 좀 더 살려 '심장을 미친 듯이 뛰게 하는 법' 정도로 자연스럽게 해석해 볼 수 있어요.

발음 포인트 heart beat은 **똑똑 끊어서** [헐트 비트]**로 발음하기보다는** [헐삣]**으로 자연스럽게 이어서 발음해 보세요. '2PM'의 〈Listen to My Heart Beat〉이라는 노래 아시나요? 그 노래의 가사 'Listen to my heart beat** [리쓴 투 마 헐삣]**'을 생각하며 heart beat 발음을 연습해 보세요!**

Emotional earthquake, bring on disaster

감정의 지진은 재앙을 부르게 될 거야

지진이 나면 기존의 것들이 무너지고 혼란스러운 상태가 되죠. 격정적인 사랑에 눈뜬 감정을 지진이 난 상태로 표현했어요. 하지만 불타는 사랑의 끝이 지진이 휩쓸고 간 뒤의 폐허처럼 자신을 무너뜨릴까 봐 염려하는 마음도 담겨 있어요.

발음 포인트 earthquake는 [어~ㄹ쓰퀘이ㅋ]**로 발음해 보세요.**

STEP 02 핵심 표현 학습하기

You hit me head-on, got me weak in my knees

넌 날 뒤흔들어 놓고 서 있기조차 힘들게 만들어

hit someone head-on은 누군가를 정면으로 치는 것인데, 여기서는 진짜 누군가에게 정통으로 맞았다기보다는 '강력한 충격을 주었다' 정도로 이해해 볼 수 있어요. 이 문장에서 got me in my knees를 '무릎을 꿇게 만들다'로 번역되어 있는 걸 본 적이 있는데요. 무릎을 꿇을 때 사용하는 전치사는 on이에요. 전치사 on은 직접적으로 '접촉'했을 때 사용하죠. 따라서 무릎을 꿇었다고 해석하면 이 곡을 쓴 사람의 의도를 정확하게 전달했다고 볼 수 없어요. 우리가 어떤 충격을 받거나 긴장이 풀렸을 때 다리에 힘이 풀리고 주저앉게 되죠? 이 의미를 생각해 보면 '서 있기조차 힘들다'로 자연스럽게 해석해 볼 수 있어요.

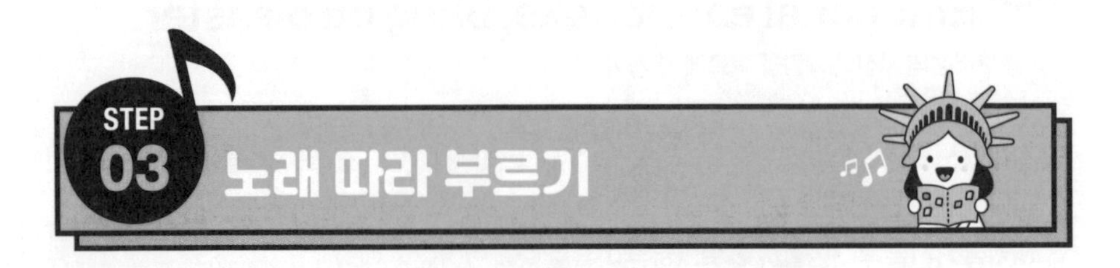

다시 **Step 01**으로 가서 노래도 듣고 따라 불러 보세요.

표현과 패턴 활용하기

The 비교급 ~, the 비교급 ~

일명 '더비더비 용법'으로 '~하면 할수록 더 ~하다'란 의미의 패턴이에요. 막상 활용하려면 쉽지 않은 표현이니 여러 번 읽으면서 연습해 보세요.

예 **The more you have, the more you want.** 가지면 가질수록 더 많이 가지고 싶어져요.
The sooner, the better. 빠르면 빠를수록 좋습니다. *약어로 TSTB로도 사용함.

I didn't know that ~

원어민들이 자주 사용하는 표현 중 하나로 '~라는 걸 몰랐다'는 의미예요. that 다음에는 절 형태(주어+동사)가 온다는 것 잊지 마세요!

예 **I didn't know that you were married.** 결혼하신지 몰랐어요.
I didn't know that even you would do that. 너마저 그럴 줄은 몰랐어.

how to ~

'~하는 방법'의 뜻으로 to 이하에는 동사를 써 주세요. [하우투]로 발음하기도 하는데 보통 원어민들은 연음시켜서 [하우루]로 to 소리를 약화시켜 발음해요.

예 **I don't know how to dance.** 전 춤을 어떻게 추는지 잘 몰라요.
He doesn't know how to take a joke.
그는 농담을 어떻게 받아들일지 잘 몰라요. / 그는 농담을 농담으로 받아들이지 못해요.

bring on

'~을 야기하다, 초래하다'의 의미로 위기나 참사, 재해, 질병 등 보통 좋지 않은 일이 유발됐을 때 사용돼요.

예 **I think the loud music brought my headache on.**
시끄러운 음악 때문에 두통이 온 것 같아.
This incident will bring on a crisis. 이 사건은 위기를 초래하게 될 거야.

Unit 6

〈Kids in America〉는 1981년도에 발표된 노래로 세계적으로 큰 인기를 끈 곡이에요. 킴 와일드의 데뷔곡이었음에도 불구하고 영국 차트 2위까지 오르는 기염을 토해냈어요. 가수 혜은이가 이 곡을 〈질투〉라는 제목으로 번안해 부르면서 국내에서도 선풍적인 인기를 얻기도 했죠. 이 곡은 킴 와일드의 아버지인 마티 와일드(Marty Wilde)와 동생 리키 와일드(Ricky Wilde)가 만든 곡이에요. 영국인인 킴 와일드는 어렸을 적 미국 아이들에 대한 환상을 갖고 있다가 우연히 미국 영화를 보고는 생각보다 미국 아이들이 낭만적으로 살고 있지 못하다는 사실을 깨닫고, 그러한 내용을 곡에 담았다고 해요. 다소 투박하지만 독특한 음색을 가진 킴 와일드의 히트곡 〈Kids in America〉를 감상해 볼까요?

STEP 01 가사 보며 강의 듣기

Looking out a dirty old window
Down below the cars in the city go rushing by
I sit here alone and I wonder why

Friday night and everyone's moving
I can feel the heat but it's soothing, heading down
I search for the beat in this dirty town (downtown)

Downtown the young ones are going
Downtown the young ones are growing
We're the kids in America (whoa)
We're the kids in America (whoa)
Everybody live for the music-go-round

Bright lights, the music gets faster
Look, boy, don't check on your watch,
not another glance
I'm not leaving now, honey, not a chance

look out ~을 바라보다, 주의하다

rush 서두르다

soothe 달래다, 진정시키다

search for ~를 찾다

downtown 시내, 도심

live for ~을 위해 살다

light 빛

glance 힐끗 보다, 흘낏 봄

not a chance 어림없다, 가능성이 없다

dirty 더러운

wonder 궁금하다, 궁금해하다

head down 고개를 숙이고

beat 이기다, 때리다

grow 커지다, 늘어나다, 성장하다

bright 밝은, 눈부신

watch 보다, 시계

leave 떠나다, 출발하다

더러워진 낡은 창문을 내다보면
그 아래로는 도심 속 차들이 정신 없이 지나가고
난 여기 홀로 앉아 왜 그런지 생각해

금요일 밤이면 사람들은 분주하게 돌아다니지
그 열기를 느낄 순 있지만, 이내 그 열기는 곧 사그라지고 고개를 떨구지
난 도심 속의 비트를 찾고 있어 (도심 속에서)

젊은이들은 번화가로 몰려오고
그곳에서 성장하지
우린 미국 아이들이야
우린 미국 아이들이야
사람들은 돌고 도는 음악의 회전목마를 쳐다보며 살아가지

환한 조명, 음악은 점점 더 빨라지고 있어
거기 너 말이야, 시계는 그만 쳐다보고, 곁눈질도 그만해
아직 안 갈 거니깐, 자기, 아직 어림도 없지

STEP 01

가사 보며 강의 듣기

Hot-shot, give me no problems
Much later, baby, you'll be saying nevermind
You know life is cruel, life is never kind (kind hearts)

Kind hearts don't make a new story
Kind hearts don't grab any glory
We're the kids in America (whoa)
We're the kids in America (whoa)
Everybody live for the music-go-round

La la la la-la la-a
La la la la-la la, sing!
La la la la-la la-a
La la la la-la la

Come closer, honey, that's better
Got to get a brand-new experience, feeling right
Oh, don't try to stop, baby, hold me tight

hot-shot 유능한 (체하는) 사람, 아주 잘나가는 사람

much later 아주 늦게, 많이 늦게

cruel 잔혹한, 잔인한

grab 붙잡다, 움켜잡다

better 더 좋은, 더 나은

experience 경험

never mind 걱정하지 마, 괜찮아

kind 친절한

glory 영광, 영예

brand-new 아주 새로운, 완전 새것인

hold tight 꽉 붙잡다, 포옹하다

거기 인싸, 내게 문제 없다고 말해 줘
너도 곧 신경 안 쓴다고 말하게 될 거야
인생은 잔인하고, 친절하지 않다는 거 너도 알잖아 (친절함 말이야)

친절함 가지곤 새로운 이야기를 만들어 낼 수 없어
착해 빠지기만 해선 그 어떤 영광도 누릴 수 없어
우린 미국 아이들이야
우린 미국 아이들이야
사람들은 돌고 도는 회전목마를 쳐다보며 살아가지

라 라 라 라 라 라 아
라 라 라 라 라 라 (노래해!)
라 라 라 라 라 라 아
라 라 라 라 라 라

좀 더 가까이 다가와 봐, 자기, 그게 더 좋아
완전히 새로운 경험을 해야 해, 기분 좋을
멈추지 말아 줘, 베이비, 날 꽉 안아 줘

STEP 01 가사 보며 강의 듣기

Outside a new day is dawning
Outside suburbia's sprawling everywhere
I don't want to go, baby

New York to east California
There's a new wave coming, I warn ya
We're the kids in America (whoa)
We're the kids in America (whoa)
Everybody lives for the music-go-round

La la la la-la la-a
La la la la-la la, sing!
La la la la-la la-a
La la la la-la la

We're the kids, we're the kids
We're the kids in America
We're the kids, we're the kids
We're the kids in America
We're the kids, we're the kids
We're the kids in America

outside 바깥의, 밖의
suburbia 교외
everywhere 모든 곳, 어디서나
new wave 새 물결, 새로운 움직임
dawn 새벽, 동이 트다
sprawl 제멋대로 뻗어[퍼져] 나가다
east 동쪽
warn 경고하다

밖은 이미 동이 트고 있지
흔하게 널려 있는 교외로
돌아가고 싶지 않아, 베이비

뉴욕에서부터 캘리포니아 동부까지
새로운 물결이 몰려오고 있어, 경고하는데
우린 미국 아이들이야
우린 미국 아이들이야
사람들은 돌고 도는 음악의 회전목마를 쳐다보며 살아가지

라 라 라 라 라 라 아
라 라 라 라 라 라, 노래해!
라 라 라 라 라 라 아
라 라 라 라 라 라

우린 아이들이지, 우린 아이들이지
우린 미국 아이들이지
우린 아이들이지, 우린 아이들이지
우린 미국 아이들이지
우린 아이들이지, 우린 아이들이지
우린 미국 아이들이지

STEP 02 핵심 표현 학습하기

Looking out a dirty old window

더러워진 낡은 창문을 내다보면

look out은 보통 '조심해'라고 주의를 줄 때 사용하지만 이 구절에서는 '밖을 내다보다'의 뜻으로 사용됐어요. 창문을 '더럽고 오래된'으로 표현한 이유는 도심의 매연 등으로 더러워진 느낌을 좀 더 생생하게 표현하기 위한 장치로 볼 수 있어요.

발음 포인트 looking out은 [루끼나웃]으로 발음해 주세요.

I can feel the heat but it's soothing, heading down

그 열기를 느낄 순 있지만, 이내 그 열기는 곧 사그라지고 고개를 떨구지

자외선에 노출되어 자극이 심해진 피부를 진정시켜 주는 크림을 '수딩 크림'이라고 하죠. 이 구절에서 나오는 soothing은 금요일 밤의 열기가 점점 수그러드는 것을 의미하고 있어요.

Everybody live for the music-go-round

사람들은 돌고 도는 음악의 회전목마를 쳐다보며 살아가지

music-go-round는 '회전목마'를 뜻하는 merry-go-round에서 가져 온 표현이에요. 회전목마는 어린이들이 좋아하는 안전하고 재미있는 놀이기구죠. 하지만 회전목마에는 다소 부정적인 의미도 담겨 있어요. 처음에는 재미있지만 시간이 갈수록 무의미하게 반복되는 대상으로 회전목마를 표현하기도 해요. 이 가사에서는 사람들이 모두 처음엔 즐거움과 설렘을 가지고 살아가지만 원하는 것도 결국에는 반복될수록 지겨워지고 무의미해진다는 의미가 숨겨져 있어요.

I'm not leaving now, honey, not a chance

아직 안 갈 거니깐, 자기, 아직 어림도 없지

not a chance라는 표현은 '당연히 안 되지', '꿈 깨!', '어림없어'의 의미로 이 문장에서는 '아직 가려면 한참 멀었으니까 같이 즐기자' 정도로 이해할 수 있어요.

발음 포인트 not a chance**는 자연스럽게 이어서** [나러쵄쓰]**로 발음해 주세요.**

Kind hearts don't grab any glory

착해 빠지기만 해선 그 어떤 영광도 누릴 수 없어

grab은 무언가를 움켜잡을 때 사용하는 동사예요. '영광을 움켜잡다'라고 직역하면 어색하니까 '영광을 누리다' 정도로 자연스럽게 이해하도록 해요.

Got to get a brand-new experience, feeling right

완전히 새로운 경험을 해야 해, 기분 좋을 거야

완전히 새로운, 이전에 듣지도 보지도 못한 새로운 것을 의미할 때 brand-new라는 단어를 사용한답니다.

발음 포인트 got a get a**는 이어서** [가라게러]**로 발음해 주세요.**

STEP 02 핵심 표현 학습하기

Outside a new day is dawning

밖은 이미 동이 트고 있지

dawn은 명사로는 '새벽'을, 동사로는 '날이 밝아 오다, 동이 트다'를 의미해요. 이 가사에서는 is dawning과 같이 현재진행형으로 쓰인 걸로 보아 dawn이 동사임을 알 수 있어요. 다양한 품사로 사용되는 어휘는 품사마다 그 의미를 정확히 파악하는 게 중요하답니다. dawn(새벽)의 반대말은 dusk(해질녘)로 dawn and dusk(새벽과 황혼)처럼 함께 자주 쓰여요.

There's a new wave coming, I warn ya

새로운 물결이 몰려오고 있어, 경고하는데

wave는 원래 '파도'를 의미하지만 어떠한 새로운 '움직임'이나 '물결'을 의미할 때가 많아요. 우리가 자주 듣는 '한류'라는 단어도 영어로 Korean Wave라고 표현하니까요. 이 노래에서 새로운 물결이란 '미국의 십 대들'을 의미한다고 볼 수 있어요. ya는 비격식 표현으로 you 또는 your를 의미해요. 팝송에서 종종 등장하는 표현이긴 하지만 비격식 표현이라 일상회화에서 자주 사용하는 건 권장하지 않아요

다시 **Step 01**으로 가서 노래도 듣고 따라 불러 보세요.

STEP 04 표현과 패턴 활용하기

I wonder why ~

어떤 일에 대해 궁금하거나 의구심이 들 때, 걱정될 때 사용하는 표현으로 '왜 ~인지 궁금하다(모르겠다)'라고 해석해요.

예 **I wonder why it's taking so long.** 왜 이렇게 오래 걸리는지 모르겠어.
I wonder why he changed his mind. 그가 왜 마음을 바꿨는지 궁금해.

Not a chance

chance의 뜻은 '기회'죠. '기회가 없다'는 걸 '가망이 없다'로 생각하면 좀 더 이해하기 쉬울 거예요. '어림도 없지', '꿈 깨'와 같은 의미로 사용되는 표현이에요.

예 **Do I trust her? Not a chance!** 내가 그녀를 믿냐고? 절대 어림없는 소리!
Do you really think he'll marry her? Not a chance!
그가 정말 그녀와 결혼할 거라 생각해? 어림도 없지!

Don't try to ~

'~하려는 생각 마'의 의미로 상대방에게 어떤 일을 시도하려는 것을 하지 말라고 경고할 때 사용해요. try to는 to를 자연스럽게 [루]로 바꿔 [츄롸이루]로 발음해 보세요.

예 **Don't try to make excuses!** 핑계 댈 생각 마!
Don't try to walk over me! 날 함부로 대할 생각하지 마!

I don't want to ~

'~하고 싶지 않아'의 의미로 to 다음에는 꼭 동사원형을 써야 해요. want to는 [원트투]로 발음해도 되지만 [워너]로 발음할 수도 있어요.

예 **I don't want to go to work.** 일하러 가고 싶지 않아.
I don't want to bother you. 당신을 방해하고 싶지 않아요.

Unit 7

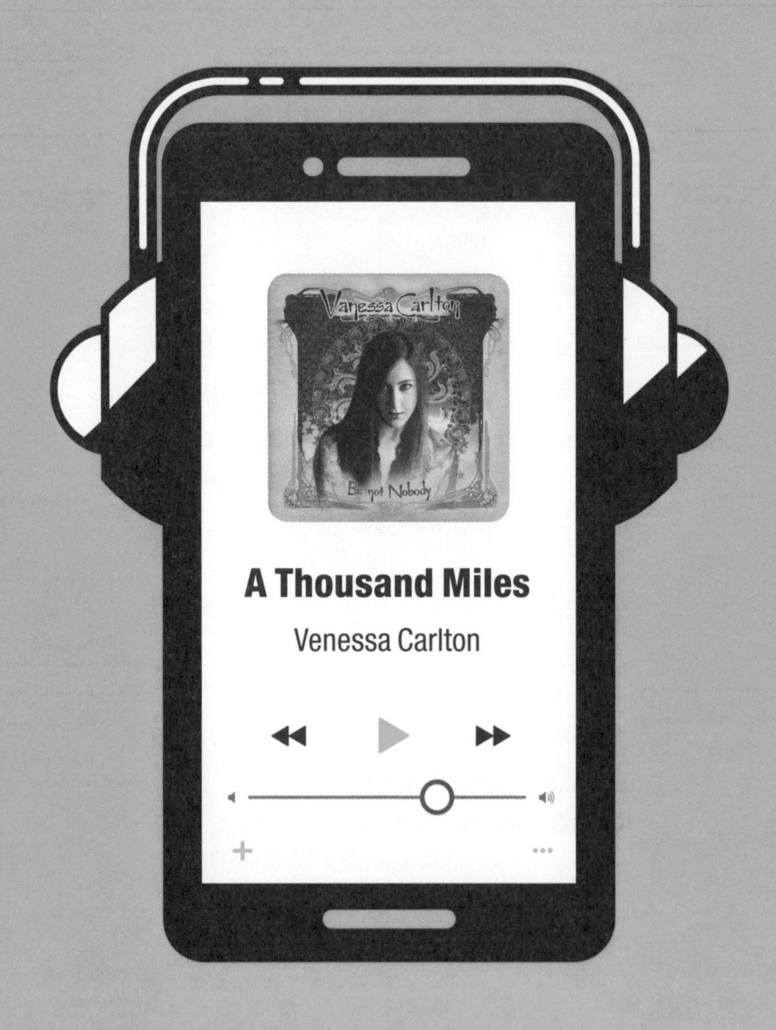
Vanessa Carlton
Be not Nobody
A Thousand Miles
Venessa Carlton

〈A Thousand Miles〉는 영화 〈화이트 칙스(White Chicks)〉를 통해 더욱 유명해진 노래입니다. 〈화이트 칙스〉는 주인공 남성이 여장을 하고 수사하는 영화인데 원치 않게 한 남자와 데이트하게 되는 장면에서 차 안에서 흘러나오던 노래예요. 〈A Thousand Miles〉는 발랄하고 경쾌한 리듬으로 중독성 강한 멜로디를 가지고 있어요. 발랄한 분위기와는 다소 상반되게 이 노래는 베네사 칼튼이 돌아가신 할아버지를 그리워하면서 쓴 곡이라고 해요. 사랑하는 사람을 다시 만날 수 있다면 천 마일의 거리라도 걸어가 만나겠다는 그리움과 애정이 담긴 곡이랍니다.

STEP 01 가사 보며 강의 듣기

Making my way downtown walking fast
Faces pass and I'm homebound
Staring blankly ahead just making my way
Making a way through the crowd

And I need you
And I miss you
And now I wonder

If I could fall into the sky
Do you think time would pass me by?
'Cause you know I'd walk a thousand miles
If I could just see you tonight

It's always times like these when I think of you
And I wonder if you ever think of me
'Cause everything's so wrong, and I don't belong
Living in your precious memories

make one's way 가다
homebound 집으로 가는
blankly 멍하니, 우두커니
crowd 사람들, 군중
wonder 궁금하다, 궁금해하다
a thousand miles 천 리 길, 먼 길
belong 제자리에 있다, 알맞은 곳에 있다
precious memory 소중한 기억
downtown 도심지, 시내
stare ahead 앞을 빤히 보다
through ~을 통해, ~ 사이로
miss 그리워하다
fall into ~에 빠지다
wrong 잘못된, 틀린

빠르게 도심을 걸으며
수많은 사람들을 지나 집으로 가는 길
멍하니 앞만 보며 걸어가고 있어
복잡한 사람들 사이를 지나가면서

당신이 필요해요
당신이 보고 싶어요
궁금해졌어요

내가 하늘로 떨어진다면
시간이 날 지나칠까요?
당신은 알잖아요, 제가 천 마일도 걸어갈 거라는 걸요
오늘 밤 당신을 볼 수만 있다면 말이죠

당신을 생각할 때면 항상 이러한 시간들이에요
당신이 절 생각하는지 궁금해요
왜냐하면 모든 게 잘못되고 있으니까요
어디에도 속해 있다는 느낌을 받을 수가 없어요
당신의 소중한 기억 속에서 아직도 살고 있어요

STEP 01 가사 보며 강의 듣기

'Cause I'll need you
And I'll miss you
And now I wonder

If I could fall into the sky
Do you think time would pass me by?
Oh, 'cause you know I'd walk a thousand miles
If I could just see you tonight

And I, I don't want to let you know
I, I drown in your memory
I, I don't want to let this go
I, I don't

Making my way downtown walking fast
Faces pass and I'm homebound
Staring blankly ahead just making my way
Making a way through the crowd

어휘

drown in ~에 쌓이다, ~에 압도당하다

가사 해석

전 당신이 필요할 거니까요
그리고 당신을 그리워할 테니까요
궁금해졌어요

만약 제가 하늘로 떨어질 수 있다면
시간이 절 지나갈까요?
당신도 잘 알잖아요, 제가 천 마일이라도 걸어갈 거라는 걸요
오늘 밤 당신을 볼 수만 있다면 말이죠

당신이 몰랐으면 좋겠어요
제가 당신에 대한 기억에서 헤어나오지 못하고 있다는 걸요
이 기억들을 놓고 싶지 않아요
그러고 싶지 않아요

빠르게 도심을 걸으며
수많은 사람들을 지나 집으로 가는 길
멍하니 앞만 보며 걸어가고 있어
복잡한 사람들 사이를 지나가면서

STEP 01 가사 보며 강의 듣기

And I still need you
And I still miss you
And now I wonder

If I could fall into the sky
Do you think time would pass us by?
'Cause you know I'd walk a thousand miles
If I could just see you

If I could fall into the sky
Do you think time would pass me by?
'Cause you know I'd walk a thousand miles
If I could just see you,
If I could just hold you tonight

still 여전히, 아직도

아직도 당신이 필요해요
아직도 당신이 너무 그리워요
궁금해졌어요

내가 하늘로 떨어진다면
시간이 날 지나칠까요?
당신도 잘 알잖아요, 제가 천 마일이라도 걸어갈 거라는 걸요
오늘 밤 당신을 볼 수만 있다면 말이죠

내가 하늘로 떨어진다면
시간이 날 지나칠까요?
난 천 마일도 걸어갈 수 있어요
오늘 밤 당신을 볼 수만 있다면 말이죠

핵심 표현 학습하기

Making my way downtown walking fast

빠르게 도심을 걸으며

make one's way 다음에 '목적지'가 오면 '~로 가다'로 해석해요. make one's way home이라고 하면 '집으로 가다'라는 뜻이 돼요. 빠르게 걸으며 도심을 걷고 있는 주인공의 모습을 상상할 수 있는 표현이에요.

발음 포인트 **walk는 L 사운드가 묵음이라 [워ㅋ]로 가볍게 발음해 주세요.**

Faces pass and I'm homebound

수많은 사람들을 지나 집으로 가는 길

이 문장에서 faces는 '얼굴들'이라고 직역하기보다는 '낯선 사람들'로 이해하는 게 좋아요. I'm homebound에서 bound는 '~행의,~로 가는 도중에'를 뜻해요. 예를 들어, '파리행의'는 Paris-bound, '인천행의'는 Incheon-bound라고 쓸 수 있어요. I'm homebound. 대신 I am heading home.이라고 표현할 수도 있어요.

발음 포인트 **pass는 발음할 때 힘을 주어 패대기치듯이 발음해 주세요. p는 윗입술과 아랫입술을 오므린 다음에 공기 중에 소리를 폭파시킨다는 느낌으로 소리 내야 해요.**

Staring blankly ahead just making my way

멍하니 앞만 보며 걸어가고 있어

stare는 어떤 것을 '빤히 응시하는다'라는 의미의 동사인데 ahead가 따라 나오니 앞을 '빤히 응시하다'로 이해할 수 있어요. blankly는 '멍하게'를 뜻하는 부사인데, 이 단어를 좀 더 쉽게 외우려면 먼저 blank의 의미를 잘 생각해 봐야 해요. 한 번쯤 영어 문제집에서 blank[블랭크]를 채우라는 표현을 들어봤을 거예요. 익숙한 이 단어로 'blank에는 무언가 빈 느낌이 있구나, 빈 것은 공허한 것을 의미하고 눈동자의 초점이 비어 있다는 것은 멍한 것을 의미하니까 blankly는 '멍하게, 우두커니'라는 뜻이구나.'와 같은 식으로 유추하면서 단어를 학습하면 효과적으로 많은 단어를 암기할 수 있어요.

발음 포인트 stare는 [스-]**로 발음되는 단어 뒤에 t가 나왔기 때문에 된소리로** [뜨]**로 발음해야 해요. 그래서** [스테어]**가 아니라** [스테얼r]**로 발음해야 합니다. 영어에서** [스-] **소리 뒤에 k, t, p가 나오면** [ㄲ], [ㄸ], [ㅃ]**로 발음된다는 것 유의하세요!**

Making a way through the crowd

복잡한 사람들 사이를 지나가면서

though는 '무언가를 관통해서, 통과해서'를 의미해요. 쉽게 생각해서 '시스루(see through)'라는 안이 비치는 옷을 떠올리면 이해하기 쉬울 거예요. 이렇게 어떤 것을 통과하는 느낌을 잘 살려서 많은 사람들 사이를 뚫고 지나가는 모습으로 이해하면 된답니다. crowd는 '군중'이라고 해석하기보다는 '많은 사람들, 복잡하게 사람들도 붐비는 곳을 지나'로 의역하는 게 좋습니다.

발음 포인트 making a way는 [메이킹 어 웨이]**처럼 딱딱하게 끊어서 발음하기보다는** [메이끼너웨이]**와 같이 부드럽게 연음시켜 발음해 주세요.**

STEP 02 핵심 표현 학습하기

'Cause you know I'd walk a thousand miles

당신도 알잖아요, 제가 천 마일도 걸어갈 수 있다는 걸요

a thousand miles는 '천 마일'이란 뜻 말고도 '먼 거리'를 의미해요. '잠깐만 쉬어도 될까요?'라는 표현으로 Can I take a minute?을 쓰는데 이때도 a minute이라고 해서 딱 '1분'을 의미하는게 아니라 '잠시'를 의미하기도 해요.

발음 포인트 **walk a는 연음시켜 자연스럽게 [워커]로 발음해 보세요.**

If I could just see you tonight

오늘 밤 당신을 볼 수만 있다면 말이죠

이 문장은 '가정법' 문장으로 '~할 수 있다면, ~할 텐데'라는 현재 사실에 반대되는 상황을 표현하고 있어요. 이 곡은 바네사 칼튼이 돌아가신 할아버지를 그리워하면서 만든 노래로 할아버지는 이미 돌아가셨기 때문에 만날 수 없는 존재란 걸 알 수 있어요. 그 때문에 현재 사실에 반대되는 가정법이 사용되었답니다.

발음 포인트 **could는 [쿠드]로 길게 발음하기보다는 짧게 [쿧]으로 발음해 보세요.**

It's always times like these when I think of you

당신을 생각할 때면 항상 이러한 시간들이에요

사랑하는 사람을 떠나보낸 직후에는 현실을 받아들이지 못하고 '어떻게든 다시 만나야 해.'라는 생각에 사로잡혀 있을 거예요. 그녀 또한 사랑하는 가족을 먼저 떠나보내고 그 사람을 생각할 때면 항상 그런 생각들을 한다고 해요. always like this/these는 '항상 이래, 항상 이런 식이야'를 의미해요.

발음 포인트 think of you는 [띵코뷰] 라고 연음해서 발음해 보세요.

'Cause everything's so wrong and I don't belong

왜냐하면 모든 게 잘못되고 있으니까요, 어디에도 속해 있다는 느낌을 받을 수가 없어요

그녀는 갑자기 얻게 된 인기로 인해 수없이 많은 곳에서 이 곡을 불렀지만, 정작 스스로는 자신을 잃어 가는 기분이었고, 자신의 노래지만 자신의 노래가 아닌 것 같았다고 인터뷰에서 말하기도 했어요. 당시 그런 그녀의 마음을 잘 나타낸 표현이 I don't belong이 아닐까 생각해요. belong은 '~에 속하다, 알맞은 위치에 있다'라는 뜻의 동사예요.

발음 포인트 Don't는 [돈트]보다는 o의 [오우] 소리를 살려 [도운ㅌ]라고 발음해요.

STEP 02 핵심 표현 학습하기

I don’t want to let you know

당신이 몰랐으면 좋겠어요

〈I don’t want to + 동사 원형〉은 ‘~하고 싶지 않다’는 뜻의 패턴으로 일상 생활에서 많이 사용해요. 여기서 사역동사 let이 동사 자리에 왔기 때문에 문장이 다소 복잡해졌는데요. let은 기본적으로 ‘(누군가가) ~하게 하다’라는 의미의 표현으로 이 문장에서는 ‘당신이 알게 하고 싶지 않아요’, 즉 ‘당신이 몰랐으면 좋겠어요’로 해석할 수 있어요.

발음 포인트 **let you know는** [렛츄노우], [렛유노우] **두 개다 맞는 발음이지만,** [렛츄노우] **로 발음하는 게 더 편할 거예요.**

I drown in your memory

제가 당신에 대한 기억에서 헤어나오지 못하고 있다는 걸요

drown은 ‘익사하다, 물에 빠져 죽다’라는 의미의 동사예요. drown in은 ‘~에 압도당하다, ~에 싸이다’라는 의미로 기억 속에 빠져 헤어나오지 못하고 있음을 의미해요. 사랑하는 사람을 잃은 충격과 그리움에서 헤어나오지 못하는 자신의 모습을 drown in을 사용해 표현했어요.

다시 Step 01으로 가서 노래도 듣고 따라 불러 보세요.

STEP 04 표현과 패턴 활용하기

I wonder ~

I wonder은 '~인지 모르겠어, ~가 궁금해'라는 뜻으로 주로 why나 if를 뒤에 붙여 사용해요. I wonder why ~는 '왜 ~하는 걸까?', I wonder if ~는 '~해도 될지 모르겠어요, ~해도 될까요?'를 의미해요.

예 **I wonder why he changed his mind.** 그가 왜 마음을 바꿨는지 궁금해.
I wonder why my heart is pounding. 왜 이렇게 심장이 빨리 뛰는지 모르겠어.
I wonder if you feel the way I do. 당신도 나와 같은 기분인지 알고 싶어.

If I could + 동사

'내가 만약 (동사)할 수 있다면 ~'이라는 뜻으로 현재 사실과 반대되는 가정을 할 때 사용합니다. 또는 I wonder ~과 함께 사용해서 '제가 ~할 수 있는지 궁금해요'의 의미로도 사용할 수 있어요.

예 **If I could go, I should be glad.** 내가 갈 수 있다면 정말 좋을 텐데. (사실 갈 수 없다)
If I could just see you tonight. 오늘 밤 당신을 볼 수만 있다면 말이죠. (볼 수 없는 상황)
I wonder if I could have a few minutes of your time.
잠깐 시간 좀 내 주실 수 있는지 궁금합니다.

Do you think ~?

이 표현은 '당신은 ~라고 생각하나요?'라는 뜻으로 상대방의 의견을 묻는 표현이에요. 보통 뒤에 절(주어+동사)이 따라옵니다.

예 **Do you think she can handle this?** 그녀가 감당할 수 있을 거라고 생각해?
Do you think he can make it? 그가 해낼 거라고 생각해?
Do you think it'll rain tomorrow? 내일 비가 올 거 같아?

Unit 8

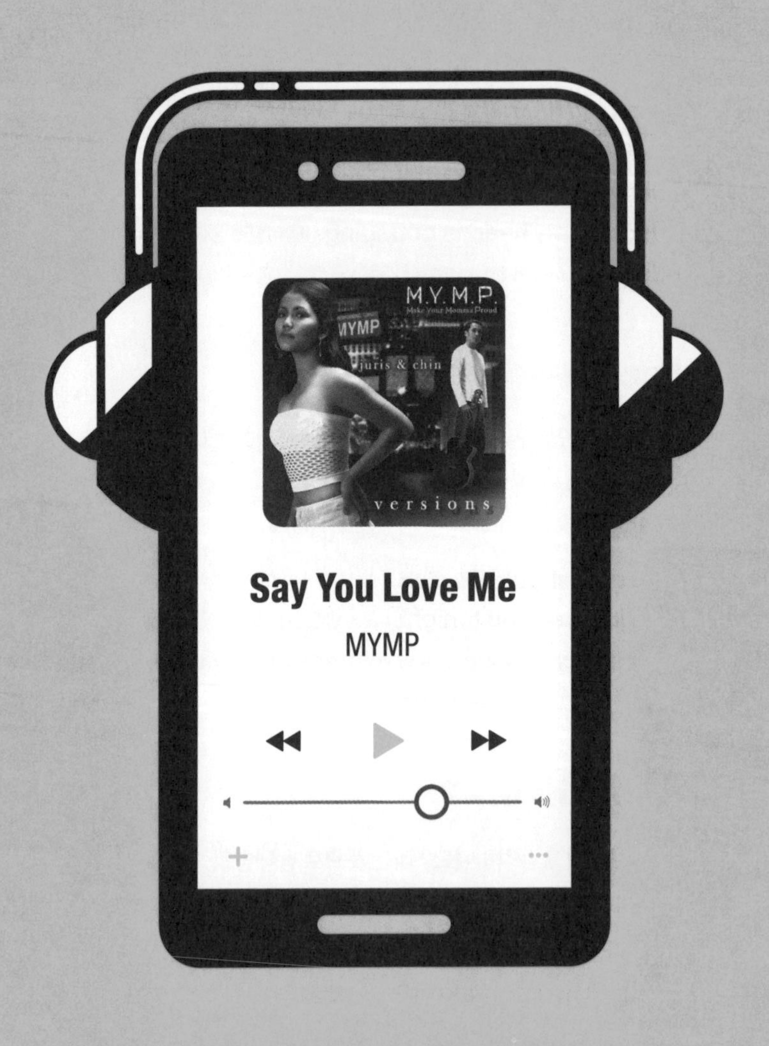

M.Y.M.P.
Make Your Momma Proud
MYMP
juris & chin
versions
Say You Love Me
MYMP

2003년에 데뷔한 필리핀 어쿠스틱 밴드 MYMP는 Make Your Momma Proud의 약어입니다. 이 그룹명은 멤버인 친 알칸타라의 형이 지어 준 이름으로 유방암으로 세상을 떠난 어머니를 자랑스럽게 해 드리겠다는 마음을 담아 지은 이름이라고 해요. MYMP는 보컬이 자주 바뀌고, 밴드에 대한 소개가 국내에는 많이 되지 않아 생소하게 느껴질 거예요. 특히 〈Say You Love Me〉라는 노래는 한 번쯤 들어 본 곡인데 이 노래만 들으면 필리핀 그룹이 불렀다는 걸 전혀 느낄 수 없을 정도로 참신하고 신선한 매력을 가진 그룹이에요. MYMP는 방송 출연이 많지 않고 주로 펍이나 바 등 공연할 수 있는 곳이면 어디든 찾아가고 있으며 음악적 소양을 쌓기 위해 끊임없이 공부하고 도전하고 있답니다. MYMP의 대표 곡인 〈Say You Love Me〉는 친구에서 연인으로 관계를 발전시키고자 하는 마음을 표현한 노래로 솔직하고 적극적인 가사와 사랑스러운 멜로디가 조화로운 곡입니다.

STEP 01 가사 보며 강의 듣기

Don't you know that I want to be more than just your friend?
Holding hands is fine but I've got better things on my mind
You know it can happen if you'd only see me in a different light
Baby, when we finally get together, you will see that I was right

Say you love me
You know that it could be nice
If you'd only say you love me
And don't treat me like I was ice, hoh

Please love me
I'll be yours and you'll be mine
If you'd only say you love me, baby
Things would really work out fine

Don't you know ~? ~하는지 모르니?

more than ~ 이상의, ~보다 많이

fine 좋은, 멋진

on my mind 내 마음(속)에

see 보다

finally 마침내, 결국

say 말하다

treat 취급하다, 대하다

hold hands 손을 잡다

better things 더 좋은 것(일)

happen 일어나다, 벌어지다

in a different light 다른 관점으로

get together 함께하다, 사귀다

nice 좋은, 멋진

work out 운동하다, (일이) 잘 풀리다

네게 친구 이상이 되고 싶은 걸 아니?
손잡는 것도 좋지만 내게 좀 더 좋은 생각이 있어
만약 당신이 날 좀 다른 눈으로 바라봐 준다면 일어날 수 있는 일이야
우리가 함께하게 되었을 때 그때 내 말이 맞았다는 걸 알게 될 거야

날 사랑한다고 말해 줘
너도 그렇게 된다면 좋을 거란 거 알고 있잖아
네가 날 사랑한다고 말해 주기만 하면 돼
날 너무 차가운 사람인양 대하지 말아 줘

제발 날 사랑해 줘
난 네 것이 되고 넌 내 것이 되는 거야
네가 날 사랑한다고 말해 주기만 하면 돼
우린 정말 잘 지낼 수 있을 거야

STEP 01 가사 보며 강의 듣기

Don't you know that I want to be more than just your friend?
Holding hands is fine but I've got better things on my mind
You know it could happen if you'd only see me in a different light
But baby, when we finally get together, you will see that I was right

Say you love me
You know that it could be nice
If you'd only say you love me
And don't treat me like I was ice, hoh

Please love me
I'll be yours and you'll be mine
If you'd only say you love me, baby
Things would really work out fine

네게 친구 이상이 되고 싶은 걸 아니?
손잡는 것도 좋지만 내게 좀 더 좋은 생각이 있어
만약 당신이 날 좀 다른 눈으로 바라봐 준다면 일어날 수 있는 일이야
우리가 함께하게 되었을 때 그때 내 말이 맞았다는 걸 알게 될 거야

날 사랑한다고 말해 줘
너도 그렇게 된다면 좋을 거란 거 알고 있잖아
네가 날 사랑한다고 말해 주기만 하면 돼
날 너무 차가운 사람인양 대하지 말아 줘

제발 날 사랑해 줘
난 네 것이 되고 넌 내 것이 되는 거야
네가 날 사랑한다고 말해 주기만 하면 돼
우린 정말 잘 지낼 수 있을 거야

STEP 01 가사 보며 강의 듣기

Say you love me
You know that it could be nice
If you'd only say you love me
And don't treat me like I was ice, hoh

Please love me
I'll be yours and you'll be mine
And if you'd only say you love me, baby
Things would really work out fine
And if you'd only say you love me, darling
Things would really work out fine

날 사랑한다고 말해 줘
너도 그렇게 된다면 좋을 거란 거 알고 있잖아
사랑한다고 말해 주기만 한다면
날 너무 차가운 사람인양 대하지 말아 줘

날 사랑한다고 말해 줘
난 네 것이 되고 넌 내 것이 되는 거야
네가 날 사랑한다고 말해 주기만 하면 돼
우린 정말 잘 지낼 수 있을 거야
네가 날 사랑한다고 말해 주기만 하면 돼
우린 정말 잘 지낼 수 있을 거야

핵심 표현 학습하기

Don't you know that I want to be more than just your friend?

네게 친구 이상이 되고 싶은 걸 아니?

more than은 비교급 표현으로 '~ 이상의'라는 뜻이에요. more than 뒤에 friend가 왔으니 '친구 이상의 관계'로 해석된답니다.

발음 포인트 Don't you는 [돈유]**보다는** [도운츄]**로 발음해 보세요. just도** [저스트]**라고** [트]**까지 발음하지 말고** [저슷ㅌ]**로 소리내 보세요.**

Holding hands is fine, but I've got better things on my mind

손잡는 것도 좋지만, 내게 좀 더 좋은 생각이 있어

'손을 잡다'는 hold hands인데 이 문장에서 '손을 잡는 것'이 주어가 됐으니 holding hands로 동명사 처리를 했어요. better things는 아마도 친구 이상의 관계로 발전해서 연인이 되는 것을 의미하겠죠?

발음 포인트 I've got은 [아이브갓]**보다는** [아브갓]**으로 발음해 주세요.**

You know it can happen if you'll only see me in a different light

만약 당신이 날 좀 다른 눈으로 바라봐 준다면 일어날 수 있는 일이야

in a different light은 '다른 시선으로, 다른 관점으로'라는 뜻이에요. 다른 시선으로 바라봐 준다면, 즉 친구가 아닌 이성으로서 자신을 바라봐 준다면 더 나은 관계로 나아갈 수 있다는 뜻으로 생각해 볼 수 있어요.

발음 포인트 happen**은 자음 p가 연달아 나온 –pp 형태이므로** [해쁜]**처럼 된소리화 되어 발음돼요. different는** [디퍼런]**과 같이 t 소리를 약화시켜 발음해 보세요.**

Baby, when we finally get together, you will see that I was right

우리가 함께하게 되었을 때, 그때 내 말이 맞았다는 걸 알게 될 거야

get together은 '모이다'의 의미로 보통 사용되지만 '(두 사람이) 데이트하다'라는 뜻으로도 사용돼요. '데이트하다'는 date(동사), go out with, have a date 등으로도 표현할 수 있어요.

발음 포인트 that I ~는 [대라이]로 자연스럽게 발음해 보세요. 단, that의 th- 는 번데기 발음[θ]이니 혀끝을 이로 살짝 물었다가 뒤로 빠르게 빼면서 [떼~ 떼~] 발음을 연습해 보세요.

Say you love me

날 사랑한다고 말해 줘

동사 say가 맨 앞에 왔기 때문에 '(동사)해 주세요'로 해석할 수 있어요. say 다음에 that이 생략되었고 〈you(주어)+love(동사)〉 형태인 절이 나온 걸 알 수 있어요.

발음 포인트 love me는 [럽미]로 연음시켜 발음해 보세요.

You know that it could be nice

너도 그렇게 된다면 좋을 거란 거 알고 있잖아

could는 보통 'can의 과거형'으로 배우지만 can은 다양한 의미로 사용될 수 있는 '조동사'예요. 여기서는 '~일 수도 있다'는 가능성의 의미로 사용됐어요.

예 **It could be worse.** 더 나빴을 수도 있어. (그나마 다행이야)
It couldn't be better. 이보다 더 좋을 순 없어.

발음 포인트 could be nice는 [쿤비나이ㅆ]로 연음해서 발음해 보세요.

STEP 02 핵심 표현 학습하기

And don't treat me like I was ice

날 너무 차가운 사람인양 대하지 말아 줘

Don't treat me like ~는 '~처럼 취급하지 마'라는 뜻의 표현이에요. I was ice의 ice를 '얼음'으로 직역하면 문장 전체의 뜻이 어색해지겠죠? ice는 '차가운, 냉정한'의 의미로 이해하고, 의역해서 '내가 예전에 차가웠던 것처럼 당신도 날 그렇게 대하진 말아 줘'로 해석해 볼 수 있어요.

발음 포인트 **treat에서 tr은** [츄]**로 발음해야 해요.** [트리트]**가 아니라** [츄륏ㅌ]**로 발음해 보세요. like I was는** [라이까이워ㅈ]**로 연음해서 발음해 주세요.**

If you'll only say you love me, baby, things would really work out fine

만약 네가 날 사랑한다고 말한다면 말이야, 우린 정말 잘 지낼 수 있을 거야

work out는 '운동하다, (일이) 잘 풀리다, (누구와) 잘 지내다'의 의미로 쓰여요. exercise가 포괄적인 운동을 의미한다면 work out은 강도 높은 근력 운동을 할 때 사용해요.

예 **It will work out in the end.** 결국엔 다 잘될 거예요.

발음 포인트 **work out은** [월크아웃]**이 아닌** [월까웃]**으로 발음돼요.**

다시 **Step 01**으로 가서 노래도 듣고 따라 불러 보세요.

STEP 04 표현과 패턴 활용하기

Don't you know ~?

'~하는지 모르니?' 또는 '~라는 걸 아니?'의 의미로 상대에게 정말 몰라서 묻기보다는 자신의 생각을 강조하거나 확인받기 위해 사용하는 표현이에요. know 다음에 that이 오는데 that은 생략할 수 있어요. that이 오니 당연히 그 뒤에는 주어와 동사가 오겠죠?

예 **Don't you know I care for you?** 내가 너 좋아하는 거 모르니?
Don't you know that you can be punished? 처벌 받을 수 있다는 걸 모르니?

more than

more(더)과 than(~보다)이 함께 쓰여서 '~보다 많이, ~ 이상의'를 뜻하는 비교급 용법이에요. than 다음에는 비교할 대상이 나와요. more than friends(친구 이상의 사이), more than enough(너무 많은/많이)와 같이 관용구로도 사용되기도 해요.

예 **Mike and Sue are more than friends.** 마이크랑 수는 친구 이상이지.
She has helped more than enough already.
그녀는 이미 필요 이상으로 절 도와주었어요.
I love you more than you love me.
당신이 나를 사랑하는 것보다 당신을 더 사랑해요.

Don't treat me like ~

상대방에게 발끈해서 '날 ~처럼 취급하지 마'라는 의미로 경고할 때 사용하는 표현이에요.

예 **Don't treat me like a child.** 날 어린애 취급하지 말라고요.
I'm innocent. Don't treat me like a criminal.
전 결백합니다. 절 죄인 취급하지 말아 주세요.

Unit 9

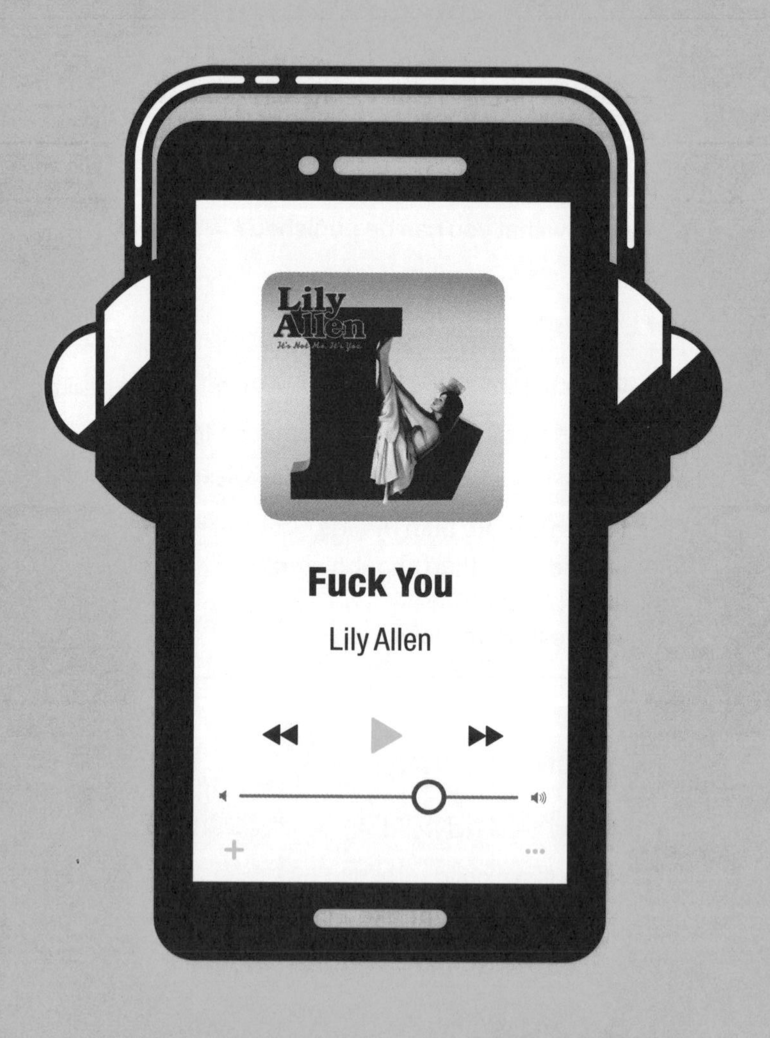

릴리 앨런(Lily Allen)은 영국 출신 가수로 악동이라 불리며 종횡무진 자유로운 행보를 이어 나가는 팝 가수입니다. 이 노래는 릴리 앨런이 미국의 전 대통령인 부시 대통령을 생각하며 만든 곡이라고 해요. 한 나라의 대통령을 상대로 이런 노래를 만들었다니, 그녀의 과감함과 솔직함이 놀라울 정도예요. 이 곡은 영국에서는 크게 히트하지는 못했지만, 유럽과 호주 등에서 대단한 인기를 얻었어요. 당시 노래가 발매됐을 때 이 노래를 흥얼거리는 사람이 주위에 한 명씩은 있을 정도로 매우 중독성이 강한 곡이랍니다.

STEP 01 가사 보며 강의 듣기

Look inside
Look inside your tiny mind
Then look a bit harder

'Cause we're so uninspired
So sick and tired of all the hatred you harbor
So you say
It's not okay to be gay
Well, I think you're just evil
You're just some racist who can't tie my laces
Your point of view is medieval

Fuck you (fuck you)
Fuck you very, very much
'Cause we hate what you do
And we hate your whole crew
So, please don't stay in touch

어휘

look inside ~의 안을 보다, 내면을 살펴보다

uninspired 독창성 없는, 평범한

tired of ~에 진절머리가 난

harbor 항구, (계획 · 생각 등을) 품다

evil 사악한, 악랄한

tie laces 신발 끈을 매다

medieval 중세의

crew 선원, 승무원 무리, 패거리

tiny 아주 작은

sick of ~에 신물이 난

hatred 혐오, 증오

gay 게이

racist 인종차별주의자

point of view 관점, 견해

fuck you 엿먹어

stay in touch 연락하고 지내다

가사 해석

네 안을 들여다봐
밴댕이 같은 네 속을 좀 들여다봐
좀 더 열심히 살펴봐

왜냐하면 우린 이제 감흥도 없고
네가 품고 있는 그 뻔한 증오에 너무 신물 나고 진절머리가 나거든
그래, 넌 항상 말하지
게이가 되는 건 나쁜 거라고
글쎄, 난 그냥 네가 더 악질이라는 생각이 드는데
넌 그냥 네 신발끈조차 못 매는 인종차별주의자야
넌 너무 구닥다리 같은 생각을 갖고 있어

엿먹어 (엿이나 먹어)
엿 처먹어
왜냐하면 우린 네가 하는 짓이 너무 싫고
네 패거리 전체가 다 싫거든
그러니까 나한테 신경 좀 꺼 줄래

STEP 01 가사 보며 강의 듣기

Fuck you (fuck you)
Fuck you very, very much
'Cause your words don't translate
And it's getting quite late
So, please don't stay in touch

Do you get, do you get a little kick out of being small-minded?
You want to be like your father
It's approval you're after
Well, that's not how you find it

Do you, do you really enjoy living a life that's so hateful?
'Cause there's a hole where your soul should be
You're losing control a bit
And it's really distasteful

words 말, 문구
get late 늦다
small-minded 속 좁은, 옹졸한
enjoy 즐기다
hateful 혐오스러운
soul 영혼
a bit 다소, 약간
translate 번역하다
kick out of ~에서 쾌감을 느끼다
approval 인정, 승인
live a life 인생을 보내다
hole 구멍
lose control 통제력을 잃다
distasteful 역겨운, 불쾌한

엿먹어 (엿이나 먹어)
엿 처먹어
네가 하는 말은 당최 뭔 소리인지 못 알아듣겠고
뒷북이나 치고 있잖아
그러니까 나한테 신경 좀 꺼 줄래

좀생이처럼 사는게 즐겁니? 좋니 그렇게?
네 애비처럼 되고 싶다더니
넌 그냥 그의 인정을 받고 싶은 것일 뿐이야
글쎄, 그렇게 해서 될 수 있을까

혹시 너, 네 증오스러운 삶을 정말로 즐기기라도 하는 거야?
넌 영혼이 있어야 할 자리에 구멍이 난 것 같아
지금 너 정신 줄을 완전히 놓고 있잖아
진짜 토 나와

STEP 01 가사 보며 강의 듣기

Fuck you (fuck you)
Fuck you very, very much
'Cause we hate what you do
And we hate your whole crew
So, please don't stay in touch

Fuck you (fuck you)
Fuck you very, very much
'Cause your words don't translate
And it's getting quite late
So, please don't stay in touch
Fuck you, fuck you, fuck you
Fuck you, fuck you, fuck you
Fuck you

You say
You think we need to go to war
Well, you're already in one
'Cause it's people like you that need to get slew
No one wants your opinion

go to war 전쟁을 일으키다, 출정하다

no one 아무도 ~ 않다(없다)

slew (slay의 과거형) (전쟁 · 싸움에서) 죽이다

opinion 의견

엿먹어 (엿이나 먹어)
엿이나 처먹어
네가 하는 소리 당최 뭔 소리인지 못 알아듣겠고
뒷북이나 치고 있잖아
그러니까 나한테 신경 좀 꺼 줄래

엿먹어 (엿이나 먹어)
엿이나 쳐먹어
네가 하는 말은 당최 뭔 소리인지 못 알아듣겠고
뒷북이나 치고 있잖아
그러니까 나한테 신경 좀 꺼 줄래
엿이나 처먹어
엿이나 처먹어
엿먹어

네가 말하던
그 전쟁 진짜 필요하다고 생각하는 거야?
글쎄, 내 생각엔 이미 넌 전쟁 중이라고 생각되는데
왜냐하면 너 같은 사람들이 전쟁터에서 사라져야 하는 사람들이거든
아무도 네 의견을 원치 않아

STEP 01 가사 보며 강의 듣기

Fuck you (fuck you)

Fuck you very, very much

'Cause we hate what you do

And we hate your whole crew

So, please don't stay in touch

Fuck you (fuck you)

Fuck you very, very much

'Cause your words don't translate

And it's getting quite late

So, please don't stay in touch

Fuck you (fuck you)

Fuck you (fuck you)

Fuck you (fuck you)

Fuck you (fuck you)

Fuck you (fuck you)

엿먹어 (엿이나 먹어)
엿이나 처먹어
왜냐하면 우린 네가 하는 짓이 너무 싫고
네 패거리 전체가 다 싫거든
그러니까 나한테 신경 좀 꺼 줄래

엿먹어 (엿이나 먹어)
엿이나 처먹어
네가 하는 말은 당최 뭔 소리인지 못 알아듣겠고
뒷북이나 치고 있잖아
그러니까 나한테 신경 좀 꺼 줄래

엿먹어 (엿이나 먹어)
엿먹어 (엿이나 먹어)
엿먹어 (엿이나 먹어)
엿먹어 (엿이나 먹어)
엿먹어 (엿이나 먹어)

핵심 표현 학습하기

Look inside your tiny mind

밴댕이 같은 네 속을 좀 들여다봐

여기서 inside는 '마음속' 또는 '자기 자신'을 의미해요. 이 노래는 릴리 앨런이 미국의 전 대통령 조지 W. 부시를 생각하며 쓴 곡이라고 말했었죠. 그가 타인을 재단하고 비난하는 모습을 두고 '너나 잘하세요'라는 메시지를 전달하고 있어요. tiny는 '아주 작은'을 의미하는 단어인데요. 마음이 아주 작다는 게 어떤 의미일까요? 마음이 좁다 못해 밴댕이 같다는 걸 의미하겠죠.

발음 포인트 **look inside는 연음해서** [루낀싸이ㄷ]**로 발음해 보세요.**

'Cause we're so uninspired
So sick and tired of all the hatred you harbor

네가 품고 있는 그 뻔한 증오에 너무 신물 나고 진절머리가 나거든
왜냐하면 우린 이제 감흥도 없고

inspired는 '영감을 받은'을 의미하는데 부정 접두어 un-이 와서 '영감을 주지 못하는' 즉, '아무런 감흥이 없는'으로 해석할 수 있어요. sick of(~에 신물이 난)와 tired of(~에 진절머리가 난)는 무엇인가에 잔뜩 질렸을 때 사용하는 표현이에요.

발음 포인트 **uninspired는** [어닌스빠이얼ㄷ]**로** [스] **다음 발음을** [파]**가 아닌** [빠]**로 발음해 보세요.**

You're just some racist who can't tie my laces

넌 그냥 네 신발끈조차 못 매는 인종차별주의자야

신발끈조차 매지 못한다는 표현은 조지 W. 부시 대통령의 성장 배경에 대한 풍자로 볼 수 있어요. 그는 전형적인 기독교계 백인 권력자 집단인 와스프(WASP) 출신으로 미국판 '스카이 캐슬'인 필립스 아카데미를 졸업했는데요. 가족 중 한 명이 그 학교 졸업생이면 자녀에게 가산점을 주는 미국 사립대학 제도 덕분에 부시가 예일대에 입학했기 때문이에요. 이 밖에도 빵빵한 집안 덕분에 그는 살면서 수많은 혜택을 보았죠.

Your point of view is medieval

넌 너무 구닥다리 같은 생각을 갖고 있어

medieval은 '중세의'라는 의미예요. point of view(견해, 관점)가 중세라는 말은 '생각이 구식이다, 구닥다리다'로 의역해 볼 수 있어요.

발음 포인트 medieval은 [메디~이벌]**로 발음해 보세요.**

So, please don't stay in touch

그러니까 앞으로 연락하지 마

stay[keep] in touch가 '연락하고 지내다'라는 뜻이 있으니 Don't stay in touch는 '연락하지 마'로 이해할 수 있어요. 하지만 릴리 앨런과 미국 대통령이 평소에 연락하는 사이는 아니었겠죠? 의역해 보면 '나한테 신경 좀 꺼 줄래' 정도로 이해해 볼 수 있어요.

STEP 02 핵심 표현 학습하기

'Cause your words don't translate

네가 하는 말은 당최 뭔 소리인지 못 알아듣겠고

'네가 하는 말이 번역이 안 된다'고 했으니, 같은 영어를 사용하는데도 상대가 무슨 말을 하는지 이해하지 못한다는 건 상대가 말도 안 되는 이야기를 하고 있다는 의미겠죠. translate라는 단어를 사용해서 재미있게 표현했어요.

발음 포인트 words는 [월ㅈ]로 발음해 보세요.

Do you get a little kick out of being small-minded?

좀생이처럼 사는게 즐겁니? 좋니 그렇게?

kick out of ~는 '~에서 쾌감을 느끼다'라는 표현으로 '좀생이처럼 속 좁게 살면서 약간 쾌감 같은 거라도 느끼는 거니?'로 이해해 볼 수 있어요. kick만 보면 '(무언가를) 차다'는 의미 같지만 kick out of로 쓰이면서 완전히 다른 의미가 되었어요.

발음 포인트 kick out은 부드럽게 연결해서 [키까웃]으로 발음해 주세요.

You want to be like your father It's approval you're after

네 애비처럼 되고 싶다더니 ,넌 그냥 그의 인정을 받고 싶은 것일 뿐이야

조지 W. 부시 대통령의 아버지는 미국 41대 대통령으로 1989년부터 1993년까지 미국을 이끌었어요. 대통령 아버지를 둔 덕분에 조지 W. 부시는 살면서 많은 후광을 입었지만 아버지의 기대를 충족시키기는 쉽지 않았을 거예요. 그런 그의 모습을 단순히 아버지에게 인정받고 싶어 하는 '어리광쟁이'로 묘사한 가사랍니다.

Well, that's not how you find it

글쎄, 그렇게 해서 될 수 있을까

조지 W. 부시 전대통령이 펼쳤던 많은 정책들은 반인권적이고 친자본적인 성향을 띠고 있었어요. 이 때문에 힘없고 돈 없는 사람들은 억울하게 목숨을 잃기도 했죠. 이러한 그의 부정한 행동들에 대해 많은 지식인과 시민들은 목소리를 높였어요. 이 구절은 '그렇게 해서는 절대 사람들의 신임을 얻지 못할 뿐만 아니라 아버지의 인정도 받지 못할 거다'라는 의미를 담고 있어요.

Do you really enjoy living a life that's so hateful?

네 증오스러운 삶을 정말로 즐기기라도 하는 거야?

마치 전쟁과 살인을 즐기는 사람처럼 그는 재임 당시 수많은 학살과 테러를 일삼았어요. 또한 재임 당시 교토 협약에서 탈퇴한 후 수많은 화력 발전소를 건설하면서 엄청난 환경 파괴를 초래하기도 했죠. 이런 그의 행동들을 hateful(혐오스러운)이란 단어를 사용해서 표현했어요.

STEP 02 핵심 표현 학습하기

You're losing control a bit

지금 너 정신 줄을 완전히 놓고 있잖아

lost control은 '자제력를 잃거나 통제가 되지 않다'를 의미해요. 사람이 자제력을 잃는다는 건 재미있게 이해해 보면 '정신 줄을 놓다'가 되겠죠? 자제력을 잃을 정도로 흥분하거나 화난 상태를 나타낼 때 flip one's lid 또는 fly off the handle이라고 표현하기도 한답니다.

And it's really distasteful

진짜 토 나와

tasteful '고상한, 우아한'이란 뜻인데 부정 접두어인 dis-가 붙어 '불쾌한, 혐오스러운'이란 의미가 돼요. disgusting 대신 distasteful로 불쾌함을 표현해 보세요. 이 밖에도 '불쾌한, 역겨운'을 의미하는 다양한 표현을 알아 두세요.

- **revolthing** 역겨운, 혐오스러운
- **gross** (비격식) (냄새·맛·사람의 버릇이) 역겨운
- **foul** 더러운, 역겨운
- **offensive** (특히 냄새가) 역겨운

다시 **Step 01**으로 가서 노래도 듣고 따라 불러 보세요.

STEP 04 표현과 패턴 활용하기

I am so sick of ~

'~에 신물이 나', '~에 완전히 질렸어'의 의미로 무언가에 대한 싫증이나 지겨움을 나타날 때 사용하는 표현이에요.

예 **I'm so sick of you.** 당신한테 질렸어요.
I'm so sick of love songs. 사랑 노래에 신물이 나.

stay in touch

'연락하고 지내다'라는 의미로 stay 대신 keep을 사용해서 keep in touch로도 자주 사용돼요.

예 **Let's stay in touch.** 연락하고 지내자.
We're going to keep in touch, aren't we? 우리 계속 연락하고 지낼 거지?

That's how ~

'그게 ~하는 방식이야'라는 의미로 본문에서는 부정어인 not을 써서 That's not how 가 쓰였어요. 부정으로 쓰일 때는 '그런 식으로 ~하는 게 아니야'의 의미가 돼요.

예 **That's how I keep in the pink.** 그게 바로 제가 건강을 유지하는 비결이에요.
That's not how it works. 그렇게 하는 건 아니지. (그렇게는 안 되지.)

lose control

'자제력[통제력]을 잃다' 또는 '자제력을 잃을 정도로 화가 몹시 나다'라는 의미예요.

예 **I lost control of my emotions.** 감정 조절에 실패했어.
I lost control of my car. 차를 제어하지 못했어.

Unit 10

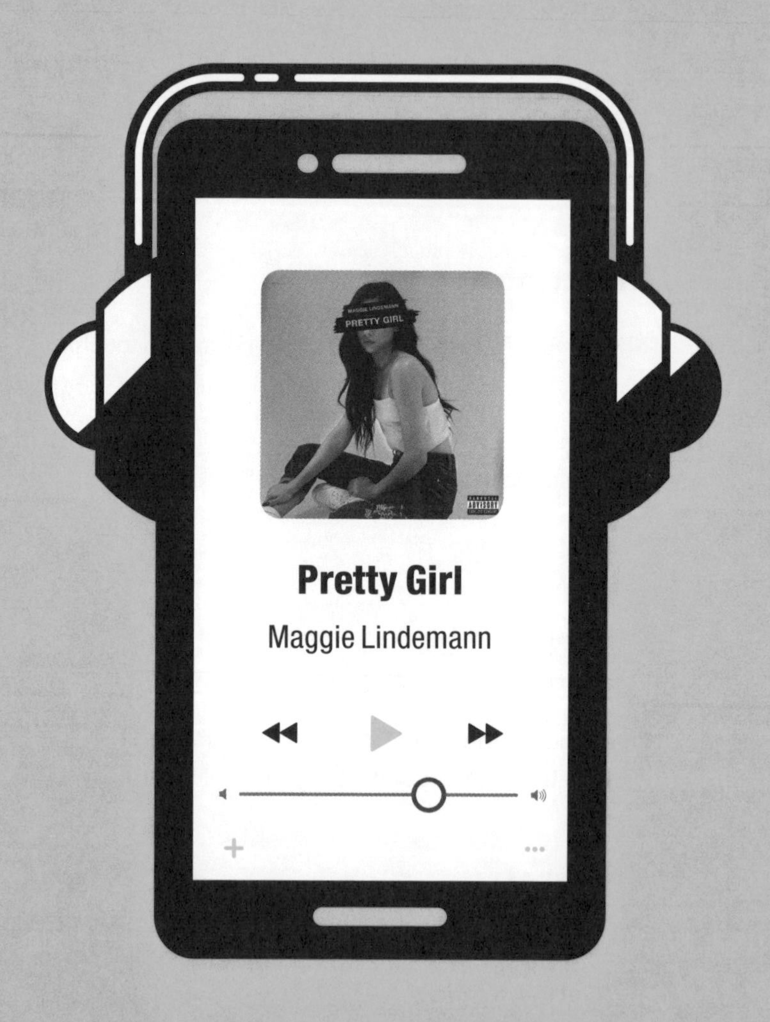
MAGGIE LINDEMANN
PRETTY GIRL
Pretty Girl
Maggie Lindemann

매기 린데만(Maggie Lindemann)은 14세부터 SNS를 통해 활동을 시작하여 연예인이 되기 전부터 이미 온라인상으로 많은 팬을 확보한 독특한 이력의 소유자예요. 그녀가 인터넷에 올린 데모 영상을 보고 그녀의 잠재력을 알아본 한 음반사가 그녀를 적극적으로 지원하기 시작했어요. 텍사스 출신의 매기 린데만은 로스앤젤레스로 이주를 감행하며 어린 나이에 큰 모험을 하게 됩니다. 그녀의 적극성과 재능을 십분 발휘해 그녀는 꽤나 성공적으로 스타로 자리매김하게 되었고 〈Pretty Girl〉을 통해 어린 나이에 화려한 스포트라이트를 받게 됐어요.

STEP 01 가사 보며 강의 듣기

I can swear, I can joke
I say what's on my mind
If I drink, if I smoke
I keep up with the guys
And you see me holding up my middle finger to the world
Fuck your ribbons and your pearls
'Cause I'm not just a pretty girl

I'm more than just a picture
I'm a daughter and a sister
Sometimes it's hard for me to show
That I'm more than just a rumor
Or a song on your computer
There's more to me than people know

swear 욕하다, 맹세하다

joke 농담, 농담하다

mind 마음, 정신, 신경 쓰다

drink 마시다

smoke 담배를 피우다

keep up with ~를 따르다, ~에 뒤지지 않다

hold up (들어) 올리다

middle finger 중지, 가운뎃손가락

pearl 진주

more than ~ 이상의

picture 사진, 그림

rumor 소문, 풍문

나도 욕도 하고 농담도 할 줄 알아
난 내 감정을 표현할 줄 아니까
술을 마시든 담배를 피우든
네들만큼은 나도 하거든
내가 세상을 향해 말하려는 게 뭔지 알겠어?
리본이나 보석은 개나 줘 버려
난 그저 예쁘기만 한 여자애가 아니거든

사진으로 보이는 게 다가 아니야
나 역시 누군가의 딸이기도 하고 여동생이기도 하지
가끔은 보여 주기 힘들 때가 있어
루머 속의 내가 전부는 아니야
네 컴퓨터에 있는 노래가 나를 다 설명해 주진 않는다고
사람들이 알고 있는 것들이 내 전부는 아니야

STEP 01 가사 보며 강의 듣기

Some days I'm broke, some days I'm rich
Some days I'm nice, some days I can be a bitch
Some days I'm strong, some days I quit
I don't let it show, but I've been through some shit

I can swear, I can joke
I say what's on my mind
If I drink, if I smoke
I keep up with the guys
And you see me holding up my middle finger to the world
Fuck your ribbons and your pearls
'Cause I'm not just a pretty girl

I'm more than just a number
I'm a hater, I'm a lover
Sometimes it's hard for me to show
That I'm more than just a title
Or a comment going viral
There's more to me than people know

some day 언젠가, 훗날

broke 무일푼의, 빈털터리의

rich 부유한, 돈이 많은

bitch 년('여자'를 얕잡아 부르는 말)

quit 그만두다

shit 불운, 불쾌한 상황

hater (어떤 행위나 사람을) 싫어하는 사람

lover (어떤 행위나 사람을) 좋아하는 사람
*부정적인 의미로 '애인, 정부'를 의미하기도 하기 때문에 사용 시 주의

comment 말하다, 언급

go viral 입소문이 나다

어떤 날은 돈이 없고, 어떤 날은 돈이 넘치기도 해
어떤 날은 상냥한 날도 있고, 어떤 날은 못되게 굴기도 해
어떤 날은 강하다가도, 어떤 날은 포기하고 싶을 때도 있어
이런 것들을 다 보여 주긴 싫지만,
아무튼 난 지금 별의별 일들을 다 겪고 있으니까

나도 욕도 하고 농담도 할 줄 알아
난 내 감정을 표현할 줄 아니까
술을 마시든 담배를 피우든
네들만큼은 나도 하거든
내게 세상을 향해 말하려는 게 뭔지 알겠어?
리본이나 보석은 개나 줘 버려
난 그저 예쁘기만 한 여자애가 아니거든

눈에 보이는 숫자가 전부는 아니야
누군가를 싫어하기도 하고, 또 좋아하기도 해
가끔은 보여 주기 힘들 때도 있어
난 적어도 보여지는 것보단 더 나은 사람이라는 거야
사람들의 입에 오르내리는 이야기가 다가 아니라는 거야
사람들이 알고 있는 것들이 내 전부는 아니야

STEP 01 가사 보며 강의 듣기

Some days I'm broke, some days I'm rich
Some days I'm nice, some days I can be a bitch
Some days I'm strong, some days I quit
I don't let it show, but I've been through some shit

I can swear, I can joke
I say what's on my mind
If I drink, if I smoke
I keep up with the guys
And you see me holding up my middle finger to the world
Fuck your ribbons and your pearls
'Cause I'm not just a pretty girl

I'm not just a pretty girl, yeah
I'm not just a pretty girl
No I'm not just a pretty girl

어떤 날은 돈이 없고, 어떤 날은 돈이 넘치기도 해
어떤 날은 상냥한 날도 있고 또 어떤 날은 못되게 굴기도 해
어떤 날은 강하다가도 어떤 날은 포기하고 싶을 때도 있어
이런 것들을 다 보여 주긴 싫지만,
아무튼 난 지금 별의별 일들을 다 겪고 있으니까

나도 욕도 하고 농담도 할 줄 알아
난 내 감정을 표현할 줄 아니까
술을 마시든 담배를 피우든
네들만큼은 나도 하거든
내게 세상을 향해 말하려는 게 뭔지 알겠어?
리본이나 보석은 개나 줘 버려
난 그저 예쁘기만 한 여자애가 아니거든

난 그저 예쁘기만 한 여자애가 아니야
난 그저 예쁘기만 한 여자애가 아니야
아니 난 그저 예쁘기만 한 여자애가 아니라고

STEP 01 가사 보며 강의 듣기

I can swear, I can joke

I say what's on my mind

If I drink, if I smoke

I keep up with the guys

And you see me holding up my middle finger to the world

Fuck your ribbons and your pearls

'Cause I'm not just a pretty girl

I'm not just a pretty girl, yeah

I'm not just a pretty girl

I'm not just a pretty girl

I'm not just a pretty girl

나도 욕도 하고 농담도 할 줄 알아
난 내 감정을 표현할 줄 아니까
술을 마시든 담배를 피우든
네들만큼은 나도 하거든
내게 세상을 향해 말하려는 게 뭔지 알겠어?
리본이나 보석은 개나 줘 버려
난 그저 예쁘기만 한 여자애가 아니거든

난 그저 예쁘기만 한 여자애가 아니야
난 그저 예쁘기만 한 여자애가 아니야
난 그저 예쁘기만 한 여자애가 아니야
난 그저 예쁘기만 한 여자애가 아니야

STEP 02 핵심 표현 학습하기

I can swear, I can joke

욕도 하고 농담도 할 줄 알아

swear는 '맹세하다', '욕하다'라는 두 가지 의미로 사용되는데 이 가사에서는 '욕하다'로 해석하는 게 자연스러워요. joke는 명사와 동사 두 가지 품사로 쓰이는 단어인데 여기에선 조동사 can이 나왔으니 일반동사로 사용됐음을 알 수 있어요. 매기 린데만은 어린 나이에 유명세를 얻게 됐지만 그녀 자신도 평범한 10대 소녀들과 다르지 않다는 걸 표현한 가사예요.

If I drink, if I smoke I keep up with the guys

술을 마시든 담배를 피우든 너희들만큼은 나도 하거든

미디어를 통해 드러나는 자신의 예쁘장한 모습만 보고 '새장 안의 새'라고 생각할지 모르겠지만 '나도 놀 만큼 놀거든'이라고 말하며 솔직하고 자유분방한 모습을 드러냈어요. keep up with ~는 '무언가에 뒤처지지 않게 따라가다'를 의미하는 표현인데 여기서는 '너희들 못지않게 나도 할 거 다 하거든'의 의미로 이해할 수 있어요. 매기 린데만은 어린 나이부터 싱어송라이터의 길을 걸으며 자신의 곡 가사를 직접 쓰고 있어요. 이때의 가사를 보면 그녀가 십 대 때 가졌던 생각이나 행동들을 추측해 볼 수 있어요.

발음 포인트 keep up with는 연음시켜서 [키뻡윋]으로 발음해 보세요.

And you see me holding up my middle finger to the world

내가 세상을 향해 말하려는 게 뭔지 알겠어?

가운뎃손가락을 들고 있는 모습을 상상하면 어떤 모습이 떠오르나요? 맞아요. 중지를 들어올리는 행위는 상대에게 '엿먹어'라며 욕하는 거죠. 세상을 향해 왜 엿을 날리는 건지 생각해 보면 사람들이 자신에게 뭐라 하던 그다지 신경 쓰지 않는다는 걸 보여 주기 위해서일 거예요.

발음 포인트 **holding up은 [홀디넙]과 같이 발음해 주세요. hold up처럼 두 개의 단어가 함께 동사의 뜻을 나타내는 걸 '구동사'라고 해요. 구동사는 뒤에 오는 단어에 강세를 주는 게 포인트이니 up을 조금 더 세게 발음해 보세요.**

Fuck your ribbons and your pearls

리본이나 보석은 개나 줘 버려

소녀들이 좋아하는 것들을 상징적으로 'ribbons(리본)'과 'pearls(진주)'로 표현했네요. 자신은 그저 리본이나 진주를 좋아하는 여느 소녀와는 다르다는 메시지를 다소 과격하게 전달했어요.

STEP 02 핵심 표현 학습하기

I'm more than just a pictures
사진으로 보이는 게 다가 아니야

more than은 '~ 이상의'라는 뜻의 표현으로 이 노래에서 반복적으로 등장하고 있어요. 뒤에 나오는 '명사'보다는 더 나은 사람이라는 걸 표현하고 있어요. picture은 '그림, 사진'이란 의미가 있는데 여기선 '사진'으로 해석하는 게 좀 더 자연스러워요. 그녀는 14살 때부터 소셜미디어를 통해 유명세를 얻기 시작했으며 자유분방한 패션스타일과 개성 있는 얼굴로 많은 사람들에게 사랑받고 있어요. 사진을 통해 보는 그녀는 화려하고 예쁜 소녀로 보일지 몰라도 사진의 이면에는 인간적인 면모를 가지고 있는 자신의 모습을 표현하고자 했어요.

발음 포인트 **just a는 연음으로 [저슷타]로 발음하세요. just의 맨 마지막 철자인 t와 관사 a를 이어 주면 [타]라는 소리가 나는 걸 알 수 있어요.**

That I'm more than just a rumor Or a song on your computer
루머 속의 내가 전부는 아니야. 네 컴퓨터에 있는 노래가 나를 다 설명해 주진 않는다고

매기 린데만의 당당하고 자유분방한 모습은 많은 젊은이들에게 선망의 대상이 되기도 하고 동시에 비난의 대상이 되기도 했죠. 특히 그녀는 양성애자라고 커밍아웃한 뒤 많은 일들을 겪어야만 했어요. 사람들은 그녀가 커밍아웃을 했을 때도 단순히 관심을 받기 위해서라고 치부하기도 했는데 그녀는 이런 대중의 반응을 정말 참을 수 없었다고 해요. 그녀는 정말 자신의 있는 그대로의 모습을 드러내고자 했고, 그러한 솔직한 마음이 왜곡되는 것에 대해서 안타까움을 표하기도 했어요. 노래 가사를 통해 그런 그녀의 심정을 표현하고자 노력했지만 짧은 노래 가사 속에 그녀의 마음을 모두 담기에는 부족했을 거예요.

I don't let it show, but I've been through some shit

이런 것들을 다 보여 주긴 싫지만, 난 그지 같은 일들을 꽤 겪어 왔거든

그녀는 자신의 노래를 단순히 사랑 노래로 한정시키고 싶어 하지 않았어요. 어린 나이에 데뷔했기 때문에 자신이 겪어 가는 삶의 일련의 과정들을 음악적으로 다양하게 표현하고 싶어 했죠. 앞서 언급했지만 그녀는 많은 안티 팬들, 그리고 커밍아웃 이후 그녀에게 쏟아진 지나친 관심과 비난은 어린 나이에 뚫고 지나가기 버거웠을 거예요. I've been through는 과거부터 지금까지 그녀가 많은 일을 겪어 온 것을 의미하고, some shit은 그 일들이 그리 유쾌한 경험은 아니었다는 걸 추측해 볼 수 있어요.

I'm more than just a number

눈에 보이는 숫자가 전부는 아니야

그녀는 400만이 넘는 인스타 팔로워에 500만에 달하는 트위터 팔로워를 보유한 슈퍼 인플루언서예요. 수많은 팔로워들이 있지만 어쩌면 그녀가 친구로 느끼는 사람은 많지 않을 거예요. 여기서 말하는 숫자는, 그녀가 현재 기록하고 있는 숫자들보다 더 많은 가능성으로도 해석해 볼 수 있어요.

I'm a hater, I'm a lover

누군가를 싫어하기도 하고, 또 좋아하기도 해

hate는 '싫어하다', love는 '사랑하다'를 뜻하는 동사죠. 여기에 -er을 붙이면 '행위를 하는 사람'을 나타내게 됩니다.

발음 포인트 **I'm a는 대명사, be동사, 관사의 나열로 기능어들이 뭉쳐 있기 때문에 소리가 뭉치고 빠르게 발음돼요. [아이엠어]라고 단어 하나하나를 발음하기보다는 [아머]로 발음해 보세요.**

STEP 02 핵심 표현 학습하기

That I'm more than just a title

난 적어도 보여지는 것보단 더 나은 사람이라는 거야

흔히 좋은 대학에 진학하는 것을 '타이틀을 딴다'고 표현하죠. title은 본래 '제목, 명목'을 의미하는 단어인데 이 가사에서의 타이틀은 단순히 노래 제목이라기보다는 그녀를 따라다니는 '수식어들'을 의미할 거예요. '반항적인, 철이 없는, 독특한'으로 대중의 인식 속에 기억되는 그녀는 자신이 가지고 있는 창의성과 음악적 깊이를 대중이 좀 더 알아주길 바라는 마음을 인터뷰에서 종종 이야기해 왔어요.

발음 포인트 **title에서 뒤에 나오는 t 소리가 약화되어** [타이를]**로 발음돼요. 영어에서 t는 소리가 약화되거나 탈락되거나 변형되는 대표적인 글자 중 하나예요.**

Or a comment going viral

사람들의 입에 오르내리는 이야기가 다가 아니라는 거야

viral은 '바이러스성의'라는 뜻이에요. 여기서는 go와 함께 쓰여 '입소문이 나다'의 의미로 쓰였어요. 하지만 여기에선 좋은 의미로 홍보가 된다는 의미가 아니라 사람들 사이에서 안 좋은 쪽으로 '입방아에 오르내리다'로 해석하는 게 좀 더 자연스러워요.

다시 Step 01으로 가서 노래도 듣고 따라 불러 보세요.

표현과 패턴 활용하기

keep up with

'~에 뒤지지 않으려고 노력하다, (가르침 등을) 좇아가다'의 의미로 최신 유행을 따라가거나 학업적으로 뒤처지지 않게 애쓰는 상황에서 자주 사용되는 표현이에요.

예 **I'm trying to keep up with rapid changes.**
급격한 변화를 따라가기 위해 애쓰고 있어요.

I'm struggling to keep up with my homework.
과제를 따라가기가 너무 버거워요.

more than

more(더)과 than(~보다)이 함께 쓰여서 '~보다 많이, ~ 이상의'를 뜻하는 비교급 용법이에요. than 다음에는 비교할 대상이 나와요.

예 **I love you more than you love me.**
당신이 나를 사랑하는 것보다 당신을 더 사랑해요.

There is ~

'~이 있다'의 의미로 사용되는 패턴으로 is 다음에 단수 명사가 왔을 때 사용돼요. 복수 명사가 올 때는 There are ~를 써야 해요.

예 **Is there a room available for the night?** 빈방 있습니까?
There are several books on the desk. 책상 위에 몇 권의 책이 있어요.

I've been through ~

'~을 겪어 왔다'의 의미로 현재완료 시제를 사용해 과거부터 지금까지 어떤 일을 겪고 있다는 상황을 나타내는 표현이에요. 주로 부정적인 어감으로 사용돼요.

예 **I've been through so much.** 전 많은 일들을 겪어 왔어요.
She's been through enough. 그녀는 고생할 만큼 했어.

Unit 11

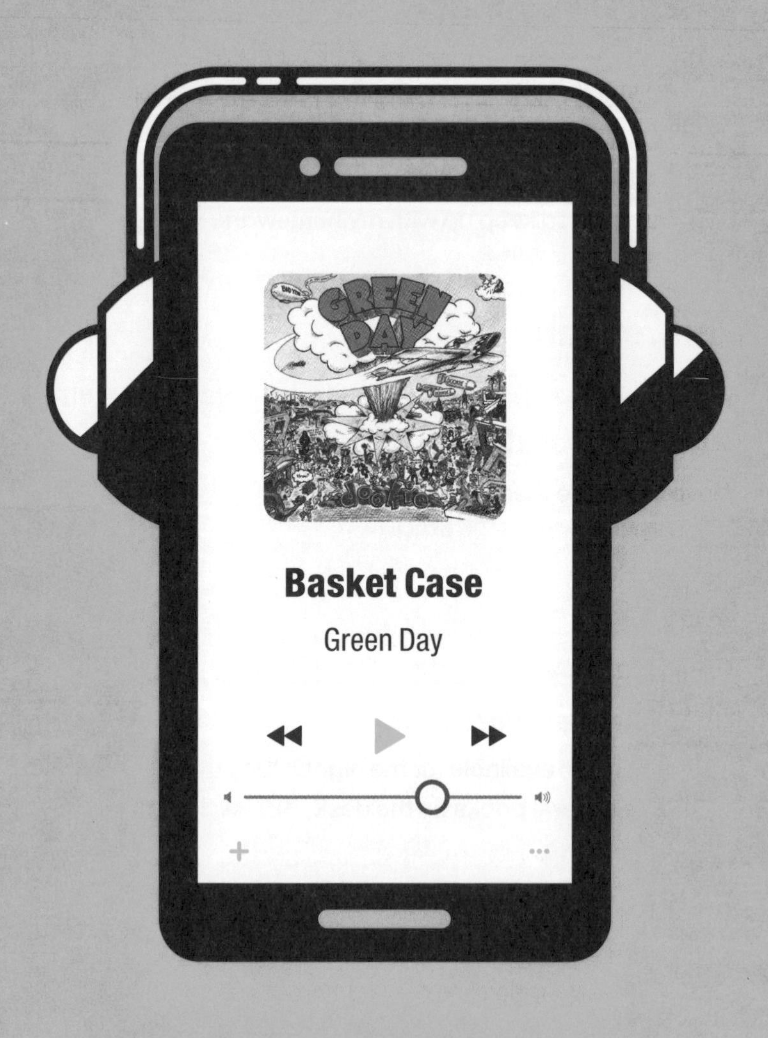

〈Basket Case〉는 네오 펑크의 살아 있는 전설이라 불리는 '그린데이(Green Day)'의 히트곡 중 하나인데요. 중독성 있는 멜로디에 다소 침울한 가사를 담은 독특한 매력을 지닌 곡입니다. 이 곡은 다소 무게감 없이 찌질한 젊음을 표현한 가사 때문에 평론가들로부터 다소 부정적인 비평을 받기도 했지만, 쉽고 경쾌한 멜로디로 대중의 사랑을 한 몸에 받으며 앨범 발매 후 세계적으로 엄청난 판매고를 올렸을 뿐만 아니라 주요 음악 차트에서 상위권을 차지하는 등 대단한 인기를 누렸어요. 이 곡의 제목인 〈Basket Case〉는 '사지를 절단한 환자, 완전 무능력자, 노이로제에 걸린 사람'을 뜻하는데 오늘날에는 주로 노이로제에 걸린 사람을 묘사할 때 사용해요. 원래 이 표현은 제1차 세계대전(1914~1918) 때 미국이 참전한 1917년 이후 미군 병원에서 탄생한 표현이라고 해요. 사지가 절단된 병사를 바구니(basket) 비슷한 들것으로 이동해야 했기에 생겨난 말이랍니다.

STEP 01 가사 보며 강의 듣기

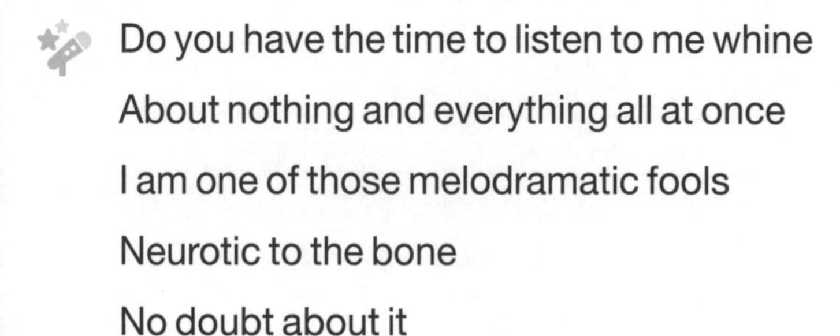

Do you have the time to listen to me whine
About nothing and everything all at once
I am one of those melodramatic fools
Neurotic to the bone
No doubt about it

Sometimes I give myself the creeps
Sometimes my mind plays tricks on me
It all keeps adding up
I think I'm cracking up
Am I just paranoid?
Or am I just stoned?

I went to a shrink to analyze my dreams
She says it's lack of sex that's bringing me down

어휘

whine 칭얼거리다, 징징거리다
at once 한 번에
melodramatic 멜로드라마 같은, 과장된
neurotic 노이로제에 걸린, 예민한
to the bone 뼛속까지
no doubt 의심할 여지없이, 틀림없는
give somebody the creeps ~를 소름 끼치게 하다
play a trick on someone ~에게 장난을 치다, ~를 속이다
add up ~이 더해지다
crack up (정신적 · 육체적으로) 무너지다
paranoid 편집증적인
stoned (마리화나 · 술에) 취한
shrink 정신과 의사, 심리학자
analyze 분석하다
lack of ~이 부족한
bring somebody down ~를 낙담시키다, 좌절시키다

가사 해석

내 징징거리는 소리 좀 들어 줄 시간 있니?
시시콜콜한 얘기, 그리고 진솔한 얘기까지 모두 다 말이야
난 말이야, 아주 전형적인 멍청이 중 한 놈이지
뼛속까지 노이로제에 걸렸지
의심할 여지없이 말이야

가끔 내 자신에게 소름이 돋기도 해
가끔 내가 날 속이기도 하고 그래
점점 더 심해지는 것 같아
나라는 인간이 점점 더 엉망이 되는 것 같아
편집증에 걸려 버린 걸까?
아님 약에 취해서 그런 걸까?

정신과 의사를 찾아가서 내 꿈들을 분석해 달라고 했지
그녀가 말하길 섹스를 많이 안 해서 내가 이 지경이 된 거래

STEP 01 가사 보며 강의 듣기

I went to a whore

He said my life's a bore

So quit my whining cause it's bringing her down

Sometimes I give myself the creeps

Sometimes my mind plays tricks on me

It all keeps adding up

I think I'm cracking up

Am I just paranoid?

A ya-ya-ya

Grasping to control

So I better hold on

Sometimes I give myself the creeps

Sometimes my mind plays tricks on me

It all keeps adding up

I think I'm cracking up

Am I just paranoid?

Or am I just stoned?

whore 매춘부

bore 지루한 상황[사람]

grasp 꽉 잡다, 움켜잡다

hold on ~을 계속 잡고 있다

그래서 업소에 갔더니
이번엔 또 업소남이 내게 네 인생은 지루하다고 하더라
자기까지 우울하니까 그만 징징대라고 하더라고

가끔 내 자신에게 소름이 돋기도 해
가끔 내가 날 속이기도 하고 그래
점점 더 심해지는 것 같아
나라는 인간이 점점 더 엉망이 되는 것 같아
편집증에 걸려 버린 걸까?

감정 조절을 하려고 노력하고 있어
정신 줄 바짝 잡아야겠어

가끔 내 자신에게 소름이 돋기도 해
가끔 내가 날 속이기도 하고 그래
점점 더 심해지는 것 같아
나라는 인간이 점점 더 엉망이 되는 것 같아
편집증에 걸려버린 걸까?
아님 약에 취해서 그런 걸까?

STEP 02 핵심 표현 학습하기

I am one of those melodramatic fools

난 말이야, 아주 전형적인 멍청이 중 한 놈이지

one of those는 '~ 중의 하나'라는 의미로 자신도 멍청이 같은 사람들 중 한 명이라고 해석할 수 있어요. 그런데 왜 melodramatic한 멍청이라고 표현했을까요? 멜로드라마는 잘생기고 예쁜 남녀 주인공이 나와서 우여곡절을 겪지만 결국 사랑에 빠지는 뻔한 스토리를 가지고 있죠. 이렇듯 뻔하게 그려지는 멜로드라마와 같이 melodramatic은 '전형적인, 뻔한'의 의미로 해석할 수 있어요.

Neurotic to the bone

뼛속까지 노이로제에 걸렸지

neuro-는 신경과 관련된 것을 가리킬 때 사용하는 접두어예요. 여기에 형용사 접미어인 -tic[틱]이 붙어 neurotic이라는 단어가 만들어졌어요. 의미를 차근차근 붙여서 생각해 보면 '신경성의, 노이로제에 걸린'으로 이해할 수 있어요. 여기서 to the bone(뼛속까지)을 이어 주면 '뼛속까지 노이로제에 걸린'의 의미로 사용할 수 있어요.

Sometimes I give myself the creeps

가끔 내 자신에게 소름이 돋기도 해

give somebody the creeps은 '~를 오싹하게[소름끼치게] 하다'를 뜻하는 표현이에요. myself를 써서 자기 자신에게 소름이 끼친다고 말하고 있어요. creep은 기본적으로 '살금살금 다가가다'를 뜻하는 동사이죠. 누군가가 인기척 없이 슬금슬금 다가오면 정말 소름 돋겠죠? 그런 맥락에서 creep이라는 단어를 이해하면 기억하기 쉬울 거예요.

발음 포인트 **creep은 모음 -ee가 있으니 조금 길~게 [크뤼입]으로 발음해 주세요.**

Sometimes my mind plays tricks on me

가끔 내가 날 속이기도 하고 그래

play a trick on somebody는 '~에게 장난을 하다, ~를 속이다'라는 의미인데 여기선 자신이 스스로를 속인다고 했으니 '나도 내 자신을 잘 모르겠어' 정도로 의역해 볼 수 있어요. 젊은이들이 자기 자신을 찾아가는 과정에서 겪는 자아와의 싸움, 다소 어둡지만 젊은 이들의 고민과 혼란을 솔직하게 표현한 가사라고 볼 수 있어요.

STEP 02 핵심 표현 학습하기

It all keeps adding up

점점 더 심해져서

add는 기본적으로 '더하다'라는 의미의 동사이죠. 숫자를 더하는 개념으로 보통 사용되지만 여기서는 추상적인 상태가 심해지는 것을 의미해요. keep adding up이란 표현을 사용해서 '계속해서 점점 심해진다'는 느낌으로 지속적으로 상태가 악화되고 있음을 의미해요.

발음 포인트 **구동사 add up에서 강세는 up에 있어요.**

I think I'm cracking up

나라는 인간이 점점 더 엉망이 되는 것 같아

crack은 '균열', '갈라지다'라는 뜻이고 crack up은 '(정신적·육체적으로) 무너지다'라는 의미예요. 정신적으로 사람이 피폐해지면 회복할 수 없을 정도로 무너지는 순간이 있죠. 이럴 때 쓸 수 있는 표현이 바로 crack up이랍니다.

발음 포인트 **crack up 역시 구동사로 강세는 up에 있어요.**

Or am I just stoned?

아님 약에 취해서 그런 걸까?

stoned는 비격식적인 표현으로 술이나 마리화나에 취해 몽롱한 상태를 의미해요. 이 밖에 마약이나 술에 취했을 때 일반적으로 사용하는 표현으로 I feel[get] high.와 I'm wasted.가 있어요.

발음 포인트 **stoned는** [-스] **발음 뒤에 t가 왔으니 된소리화 되어** [스또온ㄷ]**로 발음돼요.**

I went to a shrink to analyze my dreams

정신과 의사를 찾아가서 내 꿈들을 분석해 달라고 했지

shrink는 보통 동사로 '줄어들다, 오그라들다'의 의미인데 이 문장에서는 shrink 앞에 관사 a가 왔기 때문에 shrink의 품사가 명사임을 알 수 있어요. shrink가 명사로 쓰이면 '정신과 의사(psychiatrist)'를 의미해요. 이 가사에서 dreams는 우리가 이루고 싶은 꿈의 의미보다는 '잘 때 꾸는 꿈'을 의미해요.

발음 포인트 dream에 dr이 있으니 [쥬륌]으로 발음돼요.

She says it's lack of sex that's bringing me down

그녀가 말하길 섹스를 많이 안 해서 내가 이 지경이 된 거라고 했지

bring down은 다양한 의미로 사용될 수 있기 때문에 영영사전을 통해 기본 개념을 익힌 뒤 문맥에 따라 알맞게 해석해야 해요. 사전에는 to take somebody/something from a higher to a lower level이라고 나와 있는데요. 여기선 '자기 자신'이 아래로 내려가는 상황이기 때문에 기분이 다운되고 우울한 상황으로 해석할 수 있어요.

I went to a whore

그래서 업소에 갔더니

go to 다음에는 보통 '장소'가 나오는데 whore(매춘부)라는 '직업'이 나와서 좀 이상하지 않았나요? 이렇게 매춘부를 찾아갔다는 표현을 〈I went to+직업 명사〉 형태로도 나타낼 수 있답니다. 비슷한 예로, I went to a psychic.이라고 하면 '점을 보러 갔어요.'라는 의미가 돼요. '심령술사, 점쟁이'를 의미하는 명사(psychic)가 went to 뒤에 오면서 '점을 보러 갔다'는 의미로 표현됐어요.

STEP 02 핵심 표현 학습하기

Grasping to control
감정 조절을 하려고 노력하고 있어

grasp는 무언가를 '꽉 잡다, 움켜잡다'라는 뜻의 동사예요. 여기에서 잡고 있는 대상은 무엇일까요? 아마도 정신 줄이 아닐까요? 정신 줄을 놓지 않기 위해서 노력하고 있는 상황으로 이해해 볼 수 있어요.

So I better hold on
정신 줄 바짝 잡아야겠어

hold on은 '기다려'라는 의미로 흔히 사용되지만 여기서는 '~을 계속 잡고 있다'의 의미로 사용됐어요. 바로 위에 등장한 grasp와 동일한 맥락의 표현이에요. I better은 I'd better에서 had가 빠진 표현이에요. had better은 '~하는 게 좋겠어'로 해석할 수 있어요. had better은 가벼운 제안이라기보다는 만약 하지 않는다면 불이익이 따른다는 의미를 내포하고 있어요.

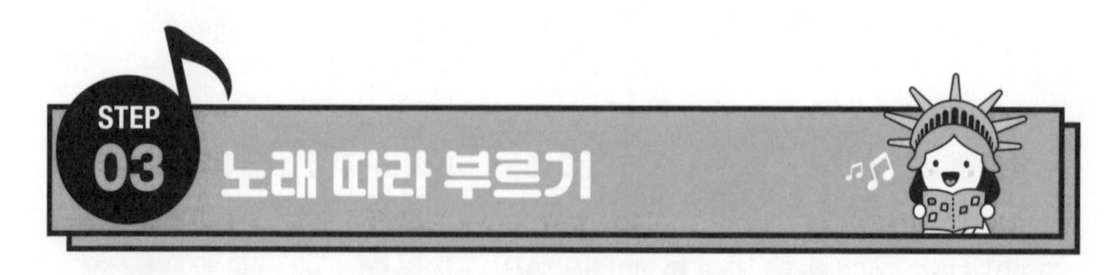

다시 Step 01으로 가서 노래도 듣고 따라 불러 보세요.

STEP 04 표현과 패턴 활용하기

Do you have the time to ~?

to 다음에 동사가 와서 '~할 시간 있어요?'를 뜻하는 표현이에요. 참고로, Do you have the time?은 "지금 몇 시예요?"라고 시간을 묻는 표현이지만, the를 생략하고 Do you have time?이라고 하면 "시간 있어요?"라는 의미가 된다는 점에 유의하세요.

예 **Do you have the time to do the dishes?** 설거지할 시간 있어?
Do you have the time to study English? 영어 공부할 시간이 있니?

no doubt

'당연하지', '의심할 여지가 없어'라는 의미로 확신을 나타낼 때 사용하는 표현이에요.

예 **There is no doubt that she is a dream of a woman.**
그녀가 멋진 여성이라는 건 의심의 여지가 없다.
I have no doubt of her success. 그녀가 성공할 거란 걸 믿어 의심치 않아.

give somebody the creeps

creep은 '슬금슬금 다가가다'라는 의미로 누군가를 소름 끼치게 할 때는 give somebody the creeps라는 표현을 씁니다.

예 **It gave me the creeps!** 완전 소름 끼쳤어!
That movie gives me the creeps. 저 영화 완전 소름 끼쳐.

play a trick on someone

play a trick on someone은 '~에게 장난을 하다. ~를 속이다'라는 의미의 표현이에요. 비슷한 표현으로 pull someone's leg가 있어요.

예 **He's playing tricks on me.** 그는 날 속이고 있어.
They told me Irene played tricks on me. 그들이 아이린이 날 속였다고 말했어.

Unit 12

Gloria
Gaynor
I WILL
SURVIVE
Top US-
Disco-Hit
SUBSTITUTE
I Will Survive
Gloria Gaynor

1978년 발매된 〈I Will Survive〉는 글로리아 게이너(Gloria Gaynor)를 세계적인 스타 반열에 올려 놓은 곡으로 절로 몸을 들썩거리게 만드는 매력적인 곡이에요. 국내에서는 가수 '진주'가 이 곡을 리메이크해서 불러 큰 인기를 얻기도 했죠. 사랑하는 연인에게 버림받고 상처를 극복해 나가면서 강해지는 모습을 그린 노래로 당당함을 넘어 비장함까지 느껴지는 곡이랍니다. 글로리아 게이너의 시원시원한 가창력과 호소력 짙은 목소리는 이 곡을 그녀가 아닌 다른 가수가 불렀다면 어땠을까 상상조차 안 될 정도로 완벽하게 곡을 소화했어요. 이 곡은 특히 사회적 편견과 냉대에 시달려야 했던 성소수자들에게 한 줄기 빛과 같은 노래로, 성소수자들에게 정신적 지주가 되어 주었답니다.

STEP 01

가사 보며 강의 듣기

At first I was afraid, I was petrified
Kept thinking I could never live without you by my side
But then I spent so many nights thinking how you did me wrong
And I grew strong
And I learned how to get along

And so you're back, from outer space
I just walked in to find you here with that sad look upon your face
I should have changed that stupid lock
I should have made you leave your key
If I'd known for just one second you'd be back to bother me

Go on now, go, walk out the door
Just turn around now, 'cause you're not welcome anymore
Weren't you the one who tried to hurt me with goodbye
Did you think I'd crumble?
Did you think I'd lay down and die?

at first 처음에는	**afraid** 두려워하는
petrified 겁에 질린	**by my side** 내 곁에
how to ~하는 (방)법	**get along** ~와 잘 지내다
outer space 우주 공간	**walk in** 들어가다
sad look 슬픈 표정	**stupid lock** 빌어먹을 열쇠
leave 떠나다, 남기다	**bother** 성가시게 굴다, 괴롭히다
go on 계속하다, 나가다	**walk out the door** 문 밖으로 나가다
turn around 돌아서다	**hurt** 다치다, 다치게 하다
crumble 바스러지다	**lay down** ~을 내려놓다

처음엔 두려웠어, 겁에 질렸었어
당신 없인 살 수 없을 거라고 생각했었어
하지만 네가 내게 했던 짓들을 생각하며 수많은 밤들을 지새웠지
난 더 강해졌어
혼자 지내는 법을 배우게 됐어

그런데 이렇게 다시 돌아왔네, 멀리 떠나가 버렸던 당신이
집으로 돌아와 보니 죽상을 하고 있는 네 얼굴을 이렇게 마주하게 됐네
저 망할 열쇠를 바꿨어야 했어
네가 열쇠를 두고 가게 했어야 했어
이렇게 돌아와서 날 다시 괴롭힐 줄 알았다면 말이야

나가, 가 버려, 여기서 나가
당장 돌아가, 더 이상 넌 환영받을 수 없으니까
헤어지자고 상처 준 건 너였잖아
내가 그럼 무너질 줄 알았니?
그럼 내가 쓰러져서 죽기라도 할 줄 알았어?

STEP 01 가사 보며 강의 듣기

Oh no, not I, I will survive
Oh, as long as I know how to love, I know I'll stay alive
I've got all my life to live, and I've got all my love to give
And I'll survive, I will survive, hey, hey

It took all the strength I had, not to fall apart
Kept tryin' hard to mend the pieces of my broken heart
And I spent oh-so many nights just feeling sorry for myself
I used to cry, but now I hold my head up high

And you see me, somebody new
I'm not that chained-up little person and still in love with you
And so you felt like droppin' in and just expect me to be free
Well, now I'm saving all my lovin' for someone who's lovin' me

survive 살아남다

stay alive 살아남다

fall apart 무너져 내리다

broken heart 상심, 상처 난 마음

as long as I know 내가 알기로는

strength 힘, 기운

mend (관계를) 개선하다

used to ~하곤 했다

hold my head up high 고개를 당당히 들다

chained-up 묶여 있는, 쇠사슬에 매여 있는

drop in 찾아오다, 잠깐 들르다

expect 예상하다, 기대하다

그렇게는 안 되지, 난 살아남을 거야
사랑하는 법을 알게 되는 순간까지 난 계속해서 살아 낼 거야
아직 살 날이 많이 남았고, 줘야 할 사랑이 남았어
난 살아갈 거야, 살아갈 거야

무너지지 않기 위해 온 힘을 다해 버텼어
부서진 마음의 조각들을 다시 맞춰 보려고 애썼지
수많은 밤을 신세 한탄을 하며 그렇게 보냈어
울기도 했지만, 이젠 고개를 빳빳이 들고

그런 날 넌 바라보고 있지, 완전히 달라진 내 모습을
아직도 널 향한 사랑에 얽매여 있는 초라한 내가 아냐
그저 넌 잠시 여길 들를 생각이었던 거지 혼자서
널 기다리는 날 상상하면서 말이야
음, 이제 날 사랑할 다른 사람을 위해 나의 사랑을 아껴 두고 있어

STEP 01 가사 보며 강의 듣기

Go on now, go, walk out the door
Just turn around now
'Cause you're not welcome anymore
Weren't you the one who tried to break me
with goodbye?
Did you think I'd crumble?
Did you think I'd lay down and die?

Oh no, not I, I will survive
Oh, as long as I know how to love, I know I'll stay alive
I've got all my life to live, and I've got all my love to give
And I'll survive,
I will survive

Go on now, go, walk out the door
Just turn around now
'Cause you're not welcome anymore
Weren't you the one who tried to break me with goodbye?
Did you think I'd crumble?
Did you think I'd lay down and die?

나가, 가 버려, 여기서 나가
당장 돌아가
더 이상 넌 환영받을 수 없으니까
헤어지자고 상처 준 건 너 아니었니?
내가 그럼 무너질 줄 알았니?
그럼 내가 쓰러져서 죽기라도 할 줄 알았어?

그렇게는 안 되지, 난 살아남을 거야
사랑하는 법을 알게 되는 순간까지 난 계속해서 살아 낼 거야
아직 살 날이 많이 남았고
줘야 할 사랑이 남았어, 난 살아갈 거야
살아갈 거야

나가 가 버려 여기서 나가
당장 돌아가
더이상 넌 환영받을 수 없으니까
헤어지자고 상처 준 건 너 아니었니?
내가 그럼 무너질 줄 알았니?
그럼 내가 쓰러져서 죽기라도 할 줄 알았어?

STEP 01 가사 보며 강의 듣기

Oh no, not I, I will survive

Oh, as long as I know how to love, I know I'll stay alive

I've got all my life to live, and I've got all my love to give

And I'll survive, I will survive

I will survive

그렇게는 안 되지, 난 살아남을 거야
사랑하는 법을 알게 되는 순간까지 난 계속해서 살아 낼 거야
아직 살 날이 많이 남았고, 줘야 할 사랑이 남았어
난 살아갈 거야, 난 살아갈 거야
난 살아 낼 거야

STEP 02 핵심 표현 학습하기

At first I was afraid, I was petrified

처음엔 두려웠어, 겁에 질렸었어

무언가를 두려워할 때 흔히 사용하는 단어가 afraid이죠. 두려운 단계에서 좀 더 나아가 겁에 질리고 극도로 무서운 상태를 나타낼 때는 petrified를 사용해요. 사랑하는 사람에게 버림받은 이별 직후의 감정은 슬픔보다 어쩌면 두려움이 가장 먼저 몰려올지도 몰라요.

발음 포인트 **petrified는 [페츄뤄파이ㄷ]로 발음해 보세요.**

And I learned how to get along

혼자 지내는 법을 배우게 됐어

how to는 '~하는 방법'이라는 의미이고 그 뒤에 get along이 왔으니 '혼자 지내는 법'으로 해석할 수 있어요. get along은 '누군가와 잘 지내다'라는 의미로 자주 사용되지만, 이 상황에서는 '혼자서도 잘 지내다'로 의역하는 게 자연스러워요.

I just walked in to find you here with that sad look upon your face

집으로 돌아와 보니 죽상을 하고 있는 네 얼굴을 이렇게 마주하게 됐네

집으로 돌아와 보니 헤어진 연인이 미처 돌려받지 못한 집 열쇠로 문을 열고 들어와 있는 장면이에요. sad look을 '슬픈 얼굴'이라고 표현할 수도 있겠지만 이 노래의 전반적인 느낌은 자신을 버리고 떠난 연인을 마주한 상황을 다소 거칠고 공격적인 모습으로 묘사하고 있기 때문에 주인공의 입장에서 보면 '슬픈'보다 '죽상을 하고'가 더 적합한 표현이에요.

If I'd known for just one second you'd be back to bother me

이렇게 돌아와서 날 다시 괴롭힐 줄 알았다면 말이야

If I had known ~, I would ~ 는 '만약 내가 ~을 알았더라면, ~했을 텐데'라는 의미로 사용되는 가정법 표현이에요. 위의 가사처럼 축약형으로 사용됐을 경우 if절은 had, 이어진 문장에서는 would를 넣어야 해요.

예 **If I'd known that, I would have waited.** 만약 알았더라면 기다렸을 텐데.
If I'd known about this, I wouldn't have taken his offer.
이런 건 줄 알았다면 그의 제안을 수락하지 않았을 거야.

Weren't you the one who tried to hurt me with goodbye?

헤어지자고 상처 준 건 너였잖아?

Weren't you the one who ~?는 '~한 사람은 너 아니었어?'라는 표현으로 '헤어지자고 나에게 상처 주고 (떠난 건) 너 아니었니?'로 해석할 수 있어요. 싫다고 떠날 땐 언제고 다시 찾아온 연인에 대한 어이없음을 드러내는 대목이에요.

STEP 02 핵심 표현 학습하기

Did you think I'd crumble?

내가 그럼 무너질 줄 알았니?

crumble은 '무너지다'라는 뜻의 동사로 건물이 무너질 때나 심리적으로 무너질 때도 사용할 수 있어요. 〈알라딘〉 OST 중 〈Speechless〉라는 곡에서 이런 가사가 나와요. 'But I won't cry. And I won't start to crumble.(하지만 난 울지 않을 거야. 그리고 무너지지 않을 거야.)' 두 곡 다 누군가 나를 끌어내리고 좌절시키려 할 때 맞서 무너지지 않고 더 강해질 거란 메시지를 담고 있어요.

It took all the strength I had not to fall apart

무너지지 않기 위해 온 힘을 다해 버텼어

글로리아 게이너가 당시 이 곡을 받기 전 개인적으로 건강이 좋지 않아 수술을 받고 재기하려고 애쓰던 시기였다고 해요. 별다른 히트곡이 없어 계약 종료라는 위기에 있던 그녀에게 찾아온 이 곡은 그녀에게 선물 같은 곡이기도 해요. 그런 그녀의 경험이 곡에 투영되어 좀 더 울림 있는 곡을 만들 수 있지 않았나 하는 생각이 들어요.

Kept trying hard to mend the pieces of my broken heart

부서진 마음의 조각들을 다시 맞춰 보려고 애를 썼지

mend는 '수리하다, 고치다'라는 의미의 동사인데 이 문장에서는 '상처받은 마음의 조각들을 붙여 보려고 노력했다'로 표현됐어요. 저는 개인적으로 이 가사가 시적인 느낌을 가지고 있어서 이 곡에서 가장 마음에 들어요.

I used to cry, but now I hold my head up high

울기도 했지만, 이젠 고개를 빳빳이 들고

used to는 '(과거에) ~하곤 했다'의 의미로 과거에는 울기도 했지만 지금은 고개를 당당히 들고 있다고 말하고 있어요. 적극적으로 이별을 극복하고 당당하게 자신의 삶을 살아가겠다는 의지를 드러내는 구절이에요.

I'm not that chained-up little person and still in love with you

아직도 널 향한 사랑에 얽매여 있는 초라한 내가 아냐

chain up은 '쇠사슬로 묶다'라는 표현인데 여기선 동사가 아닌 형용사로 사용되어 chained-up이라고 표현했어요. 진짜로 쇠사슬에 묶인 게 아니라 어딘가에 얽매여 있는 상태를 의미해요. 여기서 그 어딘가는 사랑했던 연인에 대한 사랑일 수도 있고 지난 과거일 수도 있겠죠. little person 또한 해석을 '작은 사람'이라고 하게 되면 어색해지기 때문에 문맥에 맞게 '초라한, 불쌍한' 정도로 해석할 수 있어요.

STEP 02 핵심 표현 학습하기

And so you felt like dropping in and just expect me to be free

그저 넌 잠시 여길 들를 생각이었던 거지 혼자서 널 기다리는 날 상상하면서 말이야

feel like -ing는 '~하고 싶어'라는 의미로 drop in(잠깐 들르다)과 함께 쓰여 '잠깐 들르고 싶어 들렸겠지'라고 해석할 수 있어요. '잠깐 들르다'를 뜻하는 또 다른 표현으로는 drop in / drop by / stop by / make a quick stop at 등이 있어요. Just expect me to be free는 해석하기 다소 까다로운 문장으로 free를 어떻게 해석하느냐가 중요한데요. free는 기본적으로 '자유로운'을 의미하는 단어인데 관계에 있어 자유로움은 곧 싱글인 상태를 의미하겠죠. '내가 아직 싱글일 거라 생각하며'를 '여전히 널 기다리며 혼자 지낼 거라고 생각하며'로 자연스럽게 의역하면 노래의 느낌을 더욱 살릴 수 있어요.

다시 Step 01으로 가서 노래도 듣고 따라 불러 보세요.

표현과 패턴 활용하기

should have p.p

' ~했었어야 했는데'라고 과거에 대한 아쉬움과 후회를 나타내는 표현이에요. '과거에 했었어야 했는데 결국 그러질 못했다'는 의미로 결국은 안 한 것이 포인트랍니다. 발음은 [슈르브]로 연음시켜 부드럽게 발음해야 해요.

예 **I should have listened.** (네 말을) 들었어야 했는데.

You should have seen the look on her face.
네가 그녀의 표정을 봤었어야 했는데.

as long as

〈as+형용사/부사 원급+as용법〉 '~하는 만큼 ~하는'을 활용한 표현 중 하나로 '~하는 한'으로 해석해요.

예 **I shall never forget your kindness as long as I live.**
당신의 은혜를 제가 살아 있는 한 평생 잊지 않겠습니다.

How long will I love you? As long as stars are above you.
제가 당신을 얼마나 오래 사랑할까요? 당신 위에 별이 떠 있는 한 (당신을 사랑할 거에요).

used to ~

'~하곤 했어'라는 과거의 습관 또는 과거의 상황을 의미하는 표현이에요. used to와 would는 둘 다 과거의 습관이나 행동을 나타낼 때 쓰이는데 would 뒤에는 '동작 동사(go, move, make)'가 오고 '상태 동사(feel, love, believe)'는 오지 않아요. 그리고 주로 시간을 나타내는 표현과 함께 사용됩니다. 반면 used to는 시간을 나타내는 표현 없이도 단독적으로 사용할 수 있고, would와는 다르게 동작 동사와 상태 동사 둘 다 올 수 있어요. used to 다음에는 동사 원형이 온다는 것에 유의하세요.

예 **I used to live in a small town.**
(과거에) 작은 마을에 살았어요. (그러나 지금은 작은 마을에 살고 있지 않아요.)

I used to hate books when I was young.
어렸을 적에는 책을 싫어했어요. (그러나 지금은 책을 싫어하지 않아요.)

Unit 13

〈Good Thing〉은 세계적으로 핫한 프로듀서 제드(Zedd)와 한국의 유명 뮤지션들이 함께 작업하고 싶은 아티스트로 꼽힌 켈라니(Kehlani)가 함께 만든 곡으로 이미 두 사람의 조합만으로도 많은 팬들의 기대를 한 몸에 받고 세상에 나온 곡입니다. 뮤직비디오 속 피아노 치는 제드와 서빙하는 캘라니의 모습은 마치 영화 〈라라랜드〉를 연상케 하는데요. 뮤직비디오 속의 켈라니는 매력을 넘어 마력에 가까울 정도로 감각적이고 화려한 퍼포먼스를 선보였어요. 이 노래는 꼭 뮤직비디오와 함께 들어보는 걸 추천해요. 그럼 세상 사람들의 소음 속에서 자신을 단단하게 지켜내는 이야기를 당당하고 자신감 있게 표현한 켈라니의 〈Good Thing〉을 한번 들어 볼까요?

STEP 01 가사 보며 강의 듣기

I book myself tables
At all the best restaurants, then eat alone
I buy myself fast cars
Just so I can drive them real fuckin' slow
I like my own company
Company, I don't need it
I'm not always cold
I'm just good on my own, so good on my own

I've always been told, one day I'll find
Somebody who changes my mind
If they come along, I won't think twice

'Cause I already got a good thing with me
Yeah, I already got everything I need
The best things in life are already mine
Don't tell me that you got a good thing for me
'Cause I already got a good thing with me
Yeah, I already done everything I dream
I'm good by myself, don't need no one else
Don't tell me that you got a good thing for me
'Cause I already got a good thing

book 예약하다	**company** 일행, 회사
on my own 혼자서, 혼자 힘으로	**be told** (=heard) 듣다
one day 언젠가	**change one's mind** 생각을 바꾸다
come along ~와 함께 어울리다	**think twice** 숙고하다
by myself 혼자, 스스로	**no one else** 아무도

날 위해 식당 예약을 하고
최고급 레스토랑에서, 혼자 식사를 하지
날 위해 스포츠카도 사고
더럽게 천천히 몰지
난 혼자 있는 게 좋아
일행은 필요 없어
그렇다고 내가 항상 까칠한 건 아니야
그냥 혼자가 좋아, 혼자여도 너무 잘하고 있는걸

사람들은 언제나 내게 얘기하지, 언젠가 나에게도 찾아올 거라고
내 마음을 바꿔 놓을 누군가가 찾아올 거라고
그런 사람들이 다가와도, 난 고민하지 않을 거야

왜냐면 이미 난 좋다는 건 다 가졌거든
내게 필요한 것들은 이미 다 가졌어
최고라고 꼽히는 것들도 이미 다 내가 가진 것들이지
그러니깐 네가 내게 해 줄 수 있는 뭔가가 있다고 얘기할 필요 없어
왜냐면 이미 난 좋다는 건 다 가졌거든
내가 바라던 모든 것들을 난 이미 다 이뤘어
난 혼자여도 괜찮아, 어느 누구도 필요하지 않아
그러니까 네가 내게 해 줄 수 있는 뭔가가 있다고 얘기할 필요 없어
왜냐면 이미 난 다 가졌거든

STEP 01 가사 보며 강의 듣기

I make myself up
Just to dance in the mirror when I'm at home
I pose and take pictures
Then send them to people that I don't know
I like getting compliments
Compliments how I'm feeling, oh
I'm not always selfish
Just bad at romance, it's not in my bones

I've always been told, one day I'll find
Somebody who changes my mind
If they come along, I won't think twice

'Cause I already got a good thing with me
Yeah, I already got everything I need
The best things in life are already mine
Don't tell me that you got a good thing for me
'Cause I already got a good thing with me

make up 화장하다

pose 포즈를 취하다

compliment 칭찬

in my bones 뼛속부터, 태생적으로

dance in the mirror 거울을 보고 춤추다

take a picture 사진을 찍다

selfish 이기적인

난 스스로를 꾸미고
집에 있을 때면 거울을 보며 춤을 춰
포즈를 취하고 사진을 찍어서
모르는 사람들에게 공유하지
난 칭찬받는 게 좋아
내가 느끼는 것들에 대한 칭찬들 말이야
난 항상 이기적이진 않아
태생적으로 연애를 못 하는 스타일이야

사람들은 언제나 내게 얘기하지, 언젠가 내게도 찾아올 거라고
내 마음을 바꿔 놓을 누군가가 찾아올 거라고
그런 사람들이 다가와도, 난 고민하지 않을 거야

왜냐면 이미 난 좋다는 건 다 가졌거든
내게 필요한 것들은 이미 다 가졌어
최고라고 꼽히는 것들도 이미 다 내가 가진 것들이지
그러니까 네가 내게 해 줄 수 있는 뭔가가 있다고 얘기하지 마
왜냐면 이미 난 좋다는 건 다 가졌거든

STEP 01 가사 보며 강의 듣기

Yeah, I already done everything I dream
I'm good by myself, don't need no one else
Don't tell me that you got a good thing for me
'Cause I already got a good thing

I've always been told, one day I'll find
Somebody who changes my mind
If they come along, I won't think twice

'Cause I already got a good thing with me
Yeah, I already got everything I need
The best things in life are already mine
Don't tell me that you got a good thing for me
'Cause I already got a good thing with me
Yeah, I already done everything I dream
I'm good by myself, don't need no one else
Don't tell me that you got a good thing for me
'Cause I already got a good thing

내가 바라던 모든 것들을 난 이미 다 이뤘어
난 혼자여도 괜찮아, 어느 누구도 필요하지 않아
그러니까 네가 내게 해 줄 수 있는 뭔가가 있다고 얘기하지 마
왜냐면 이미 난 좋다는 건 다 가졌거든

사람들은 언제나 내게 얘기하지, 언젠가 나에게도 찾아올 거라고
내 마음을 바꿔 놓을 누군가가 찾아올 거라고
그런 사람들이 다가와도, 난 고민하지 않을 거야

왜냐면 이미 난 좋다는 건 다 가졌거든
내게 필요한 것들은 이미 다 가졌어
최고라고 꼽히는 것들도 이미 다 내가 가진 것들이지
그러니까 네가 내게 해 줄 수 있는 뭔가가 있다고 얘기하지 마
왜냐면 이미 난 좋다는 건 다 가졌거든
내가 바라던 모든 것들을 난 이미 다 이뤘어
난 혼자여도 괜찮아, 어느 누구도 필요하지 않아
그러니까 네가 내게 해 줄 수 있는 뭔가가 있다고 얘기하지 마
왜냐면 이미 난 좋다는 건 다 가졌거든

STEP 02 핵심 표현 학습하기

I book myself tables
At all the best restaurants, then eat alone

날 위해 식당 예약을 하고
최고급 레스토랑에서, 혼자 식사를 하지

이 문장에서 book은 '책'이라는 명사로 쓰인 게 아니라 '예약하다'라는 동사로 사용됐어요. 영어로 '예약하다'는 book, make a reservation, reserve 등으로 다양하게 표현할 수 있어요. 식당 예약을 하는 상황이므로 book a table이라고 하면 '테이블 예약을 하다'를 의미해요. 여기에 myself가 들어가서 '내 자신을 위해 식당 예약을 하다'로 해석할 수 있어요. 보통 혼자 식사를 한다고 하면 쓸쓸하거나 외로울 거라는 선입견을 갖는데 이 가사에서는 최고급 레스토랑을 예약해서 혼자 식사를 해도 초라해 보이기는 커녕 오히려 당당함이 느껴지는 걸 알 수 있어요.

발음 포인트 **restaurant는 [레스토랑]이 아닌 [뤠스터런ㅌ]로 발음해 보세요.**

I like my own company

난 혼자 있는 게 좋아

company는 '회사'라는 뜻 외에 '일행, 친구'의 의미로도 쓰여요. 여기서는 own company라고 했으니 스스로에게 친구가 되어 주는 것, 즉 '자기 자신만으로도 충분하다'는 의미로 이해할 수 있어요.

I'm just good on my own, so good on my own

그냥 혼자가 좋아, 혼자여도 너무 잘하고 있는걸

on my own은 '혼자, 스스로의 힘으로'를 뜻하는 표현이에요. 흔히 '스스로'라고 하면 by myself를 떠올리는데 by myself와 on my own은 뉘앙스에 차이가 있어요. I live by myself. / I live on my own. 이 두 문장은 '혼자서 산다'를 의미하지만, 첫 번째 문장은 가족들과 함께 살지 않고 '나 혼자 산다'는 것을 강조하는 표현이에요. 두 번째 문장은 재정적으로 독립해서 '스스로의 능력으로 혼자 산다'는 의미에 가까워요.

I've always been told, one day, I'll find Somebody who changes my mind

사람들은 언제나 내게 얘기하지, 언젠가 내게도 찾아올 거라고
내 마음을 바꿔 놓을 누군가가 찾아올 거라고

영어는 사물을 주어로 자주 사용하고, 그럴 경우 자연스럽게 수동태를 사용하게 돼요. '듣다'라는 동사를 heard라고도 표현하지만 be told처럼 수동태로 사용하기도 한답니다. '말해졌다'로 해석하지 않도록 유의하세요. 사람들은 언젠가 주인공에게 지금의 생각들을 바꿔 놓을 누군가가 나타날 거라고 얘기하지만 그런 누군가가 나타나지 않더라도 지금 이대로 충분히 행복하다고 말하고 있어요.

STEP 02 핵심 표현 학습하기

If they come along, I won't think twice

그런 사람들이 다가와도 난 고민하지 않을 거야

think twice는 '두 번 생각하다, 숙고하다'라는 뜻이에요. I won't think twice, 즉 '두 번 생각하지 않을 거야'라는 표현은 '고민하지 않을 거야'로 자연스럽게 이해할 수 있어요. 여기서 they를 '참견하는 주변 사람들'로 해석할지 '자신의 마음을 바꿔 놓을 누군가'로 해석할지 고민해 볼 필요가 있어요. 상식적으로 생각해 본다면 새로운 사람이 여러 명은 아니겠죠? 그렇다면 they는 자신에게 이러쿵저러쿵하는 '주변 사람들'로 생각해 볼 수 있어요. '그런 사람들이 내게 다가와도 난 여전히 혼자로도 충분하다고 말할 거야'로 해석할 수 있어요.

The best things in life are already mine

최고라고 꼽히는 것들도 이미 다 내가 가진 것들이지

여기서 최고로 꼽는 것들은 물질적인 것보다는 '자신감', '열정', '지혜'가 아닐까 생각돼요. 내면이 단단한 사람일수록 다른 사람의 말에 흔들리지 않고 자신이 목표한 바를 향해 나아가는 힘을 가지고 있으니까요. 사람들이 아무리 솔깃한 무언가를 준다 해도 결국 그것들은 그녀가 추구하는 인생에 있어 최고의 것은 아니란 의미를 나타내기도 해요. 이런 내면의 단단함은 누군가 준다고 해서 가져질 수 있는 것이 아니기 때문이에요.

Don't tell me that you got a good thing for me

그러니까 네가 내게 해 줄 수 있는 뭔가 있다고 얘기할 필요 없어

뮤직비디오에서 한 남성이 켈라니를 보고 계산서에 돈과 쪽지를 건네는 장면이 나와요. 'I gotta good thing for you. Call me.(네가 좋아할 만할 걸 갖고 있어. 전화 줘.)'라고 적힌 쪽지를 보고 그녀는 "Just the tip."이란 말을 남기곤 돈만 가지고 자리를 뜨죠. 켈라니는 남자를 비웃듯 쿨한 태도로 시원하게 한 방 날리는 모습을 보여 줬어요. Don't tell me~는 '설마 ~는 아니겠지, ~라고 말하지 마'의 의미로 상대방이 한 말이 진심이 아니길 바랄 때나 믿기지 않는 상황을 받아들이기 힘들 때 사용해요.

예 **Don't tell me you are serious.** 설마 진심은 아니겠지.
Don't tell me that you don't remember her.
그녀를 기억 안 난다고 말하는 건 아니지?

I make myself up, Just to dance in the mirror when I'm at home

난 스스로를 꾸미고, 집에 있을 때면 거울을 보며 춤을 춰

보통 혼자 집에 있는 날이면 가장 편안한 옷차림에 노메이크업으로 편하게 보낼 거예요. 켈라니는 특별한 약속이 없는데도 곱게 화장을 했는데 그 이유가 집에서 거울을 보면서 춤추기 위해서라고 해요. 자신을 사랑하고 아끼는 모습이 드러나는 구절이라고 볼 수 있어요. make oneself up은 '화장하다, 얼굴을 가꾸다'라는 뜻이에요.

STEP 02 핵심 표현 학습하기

I like getting compliments

난 칭찬받는 게 좋아

compliment는 '칭찬'을 의미해요. 이 단어와 발음은 같지만 뜻이 다른 단어가 있는데 바로 complement랍니다. 이렇게 소리는 같지만 의미가 다른 단어를 '동음이의어'라고 하죠. compliment에 -ary가 붙으면 '무료의'라는 의미의 단어 complimentary가 돼요.

- **compliment** 칭찬하다, 칭찬
- **complement** 보완하다, 보완물
- **complimentary** 무료의

발음 포인트 **compliment는** [캄플리멘ㅌ]**로 발음해 보세요.**

Just bad at romance, it's not in my bones

태생적으로 연애를 못 하는 스타일이야

'(무언가를) 잘하다'는 표현으로 be good at이 있죠. 그럼 '(무언가를) 잘하지 못하다'는 뭘까요? good의 반대말인 bad를 사용해서 be bad at으로 표현해요. It's not in my bones는 '내 뼛속에 그게 없다'가 아니라 '태어날 때부터, 태생적으로 못 한다'는 의미로 의역해야 자연스러워요.

다시 Step 01으로 가서 노래도 듣고 따라 불러 보세요.

STEP 04 표현과 패턴 활용하기

on my own

own은 '~ 자신의, 직접 ~한'이란 뜻이고 on my own은 '스스로', '혼자 힘으로'란 의미예요. 서양권에서는 BYO 파티를 흔히 하는데 BYO는 Bring Your Own의 약자랍니다. '먹을 것을 각자 챙겨오는 것'으로 여기서 own은 '자신이 직접 준비하는 음식 또는 음료'로 이해할 수 있어요.

예 **I want to do it on my own.** 제 힘으로 해 보고 싶어요.
You're on your own. 당신 혼자 힘으로 해내야 해요.

I am not always ~

'항상 ~한 건 아니야'라는 의미로 always 다음에는 보통 형용사가 와요.

예 **I am not always merciful.** 내가 항상 인정이 많은 건 아니야.
I am not always on the same page as my wife.
항상 아내와 같은 입장인 건 아니에요.

It's not in my bones

원어민들은 bone(뼈)을 이용한 다양한 표현을 사용해요. not in my bones은 '태생적으로, 본질적으로'의 의미로 '날 때부터 ~을 타고나지 않았다'라고 해석할 수 있어요. 이외에도 bone을 이용한 다양한 표현이 있습니다.

* **have a bone to pick** 할 말이 있다, 따질 것이 있다
* **bone up on** 가진 기술이나 지식을 다시 연마해서 끌어올리다

예 **I feel it in my bone!** 정말 확신이 들어!
I have a bone to pick with you. 너에게 따질 게 있어. *보통 전치사 with와 함께 사용
I need to bone up on my English for the test.
시험 보려면 영어 공부 다시 해야 해.

Unit 14

민디 글레드힐(Mindy Gledhill)은 사랑스러운 멜로디에 마치 한 편의 로맨틱 코미디를 연상시키는 가사로 곡을 만드는 캘리포니아 출신 싱어송라이터예요. 어디선가 한 번쯤 들어 본 것 같은 익숙한 멜로디에 비해 민디 글레드힐의 얼굴은 그다지 알려지지 않았어요. 유명인이거나 팝 스타는 아니지만 그녀의 목소리는 그 어떤 팝 스타에게도 뒤지지 않는 매력이 있죠. 몽글몽글 우리의 가슴에 설렘을 안겨 주는 그녀의 노래는 자꾸 들어도 질리지가 않아요. 〈Crazy Love〉는 제목에서 느껴지듯이 누군가를 향한 집착에 가까운 관심과 애정을 드러내는 곡으로 다소 과장 섞인 설정이 주를 이루지만, 그런 설정마저 사랑스럽게 느껴지는 발랄하고 산뜻한 곡이랍니다.

STEP 01 가사 보며 강의 듣기

Nobody knows
That I am a secret spy
I follow you home
Careful to walk behind you

I climb up your tree
And hide in the leaves
To keep you from seeing who I am

Call me obsessed
But I need to know your name
Your age, your address
And where in the world you came from

It's silly to think
That I'm on the brink of falling right off my rocker

nobody knows 아무도 모른다
follow 따라가다
behind ~ 뒤의, ~ 뒤에
hide 숨기다, 감추다
call me 날 ~라고 불러 주세요
age 나이
secret spy 비밀 스파이
careful 조심하는, 주의하는
climb up ~(위)에 오르다
leaves (leaf의 복수형) 나뭇잎
obsessed ~에 중독된, ~에 집착하는
address 주소
in the world (강조의 의미) 도대체, 어떻게
silly 어리석은
fall off 떨어지다
on the brink of ~ 직전의
rocker 흔들의자

아무도 모르지
내가 비밀 스파이라는 걸
네가 집에 가는 길을 뒤따라가지
네 뒤에 따라가는 사람을 조심해

너희 집 나무 위로 올라가서
나뭇잎 뒤에 몸을 숨기지
네가 날 발견하지 못하게 말이야

날 집착녀라고 불러
그치만 난 알아야겠어 네 이름
나이, 주소
네가 어디 출신인지도 말이야

바보같은 생각인걸
내가 흔들의자에서 떨어질 거라고 생각하니?

STEP 01 가사 보며 강의 듣기

Oh, I wanna know
All about your mom
And your favorite song
And why you hypnotize me
Well, I'll tell you what
I'm the definition of obsessive-compulsive crazy love

Late after dark
Your light is on upstairs
And I watch you dance
As if you were Fred Astaire
A little finesse, a sparkly dress
And I could be Ginger Rogers

Oh, I wanna know
All the books you read
And your favorite sweets
And why you hypnotize me
Well, I'll tell you what
I'm the definition of obsessive-compulsive crazy

어휘

hypnotize 최면을 걸다
definition 정의
obsessive-compulsive 강박적인
upstairs 위층에서
as if 마치 ~인 것처럼
Fred Astaire 프레드 아스테어(미국의 배우이자 무용가)
finesse 기교, 재간
sparkly 반짝반짝 빛나는
Ginger Rogers 진저 로저스(미국의 배우, 가수, 무용가)
sweets 사탕, 단것

가사 해석

너의 모든 걸 알고 싶어
너의 어머니
네가 가장 좋아하는 노래까지 말이야
네 어떤 모습에 빠지게 됐는지
내가 말해 줄게
내가 어떻게 강박관념에 사로잡힌 미친 사랑에 빠지게 된 건지

해가 진 늦은 밤
이층 네 방에 불이 켜졌어
그리고 네가 춤추는 걸 지켜보지
마치 프레드 아스테어처럼 춤추는 걸 말이야
약간의 기교와 반짝거리는 드레스는
날 진저 로저스로 만들어 주지

알고 싶어
네가 읽는 모든 책
네가 가장 좋아하는 디저트
네 어떤 모습에 빠지게 됐는지
내가 말해 줄게
내가 어떻게 강박관념에 사로잡힌 미친 사랑에 빠지게 된 건지

STEP 01 가사 보며 강의 듣기

La la la I'm like a firefly

La la la in the evening sky

I'm all aglow whenever I see you walking by

Oh, I wanna know

If you ever plan

To hold my hand

And why you hypnotize me

Well, I'll tell you what

I'm the definition

Oh, I wanna know

If you ever plan

To hold my hand

And why you hypnotize me

Well I'll tell you what

I'm the definition of obsessive compulsive crazy love

firefly 반딧불, 개똥벌레

whenever ~할 때마다

hold one's hand ~의 손을 잡다

aglow 환히 빛나는

walk by ~을 지나치다

라라라 난 마치 반딧불이 같아
라라라 저녁 하늘을 날아다니는
네가 걸어올 때마다 후끈거려

알고 싶어
네게 혹시 그런 계획이 있는지 말이야
내 손을 잡아 주는 그런 거 말이야
네 어떤 모습에 빠지게 됐는지
내가 말해 줄게
내가 어쩌다 이렇게 됐는지 말이야

알고 싶어
네게 혹시 그런 계획이 있는지 말이야
내 손을 잡아 주는 그런 거 말이야
네 어떤 모습에 빠지게 됐는지
내가 말해 줄게
내가 어떻게 강박관념에 사로잡힌 미친 사랑에 빠지게 된 건지

핵심 표현 학습하기

I climb up your tree And hide in the leaves

너희 집 나무 위로 올라가서, 나뭇잎 뒤에 몸을 숨기지

사랑에 빠지면 그 사람에 대한 모든 게 알고 싶어지죠. 좋아하는 사람의 뒤를 쫓아가 그 사람의 집 근처 나무 위에서 나뭇잎 뒤에 몸을 숨기고 몰래 훔쳐보는 설정은 다소 우스꽝스러워 보이기까지 합니다. 민디 글레드힐의 곡은 다소 과장돼 보이는 설정에 통통 튀는 멜로디가 특징이에요.

To keep you from seeing who I am

네가 날 발견하지 못하게 말이야

keep somebody from -ing는 '~가 ~하는 것을 막다, 못 하게 하다'의 의미로 상대방이 '자신의 존재를 알아차리지 못하게 하다' 정도로 해석할 수 있어요.

Call me obsessed

날 집착녀라고 불러

obsessed는 무언가에 사로잡혀 있는 강박의 상태를 의미하는데 여기선 좋아하는 사람에게 사로잡혀 집착을 보이는 것을 의미해요. 이 문장에서 Call me는 전화하라는 뜻이 아니라 자신을 '~라 불러 줘'라는 의미예요. be obsessed with ~ 형태로 '~에 사로잡혀 있다, 강박관념에 시달리다'는 의미로 자주 쓰인답니다.

발음 포인트 **call은 [콜]로 발음하게 되면 called를 발음할 때 '추운'의 의미인 cold로 들리게 돼요. [커얼]정도로 발음해 주세요.**

And where in the world you came from

네가 어디 출신인지도 말이야

in the world는 이 문장에서 '세상에, 세계에'라는 의미보다는 강조의 의미인 '도대체'로 해석할 수 있어요. '네가 도대체 어디 출신인지 알아야겠어'라는 뜻으로 상대방의 모든 걸 알아야겠다는 의지가 드러난 구절이에요.

And why you hypnotize me Well, I'll tell you what

네 어떤 모습에 빠지게 됐는지 내가 말해 줄게

이 구절에서 동사 hypnotize를 사용해 단순히 좋아하는 감정을 넘어 최면에 빠진 것과 같은 상태라고 묘사했어요. 상대방이 최면술사가 아닌 이상 이 표현은 '무엇인가에 홀리다'로 이해하는 게 적절하겠죠?

발음 포인트 **hypnotize는 [힙노타이ㅈ]로 발음해 보세요.**

STEP 02 핵심 표현 학습하기

I'm the definition of obsessive-compulsive crazy love

내가 어떻게 강박관념에 사로잡힌 미친 사랑에 빠지게 된 건지

obsessive-compulsive는 '강박에 빠진, 집착하는'을 뜻하는 단어예요. '강박장애'라는 단어도 이 단어를 사용해서 obsessive compulsive disorder라고 표현한답니다. I am the definition of ~는 딱딱하게 '내가 ~의 정의야'라고 해석하기보다는 좀 더 직설적으로 '미친 사랑 하면 바로 나야, 이 구역의 미친 사랑은 바로 나야' 정도로 해석할 수 있어요.

Your light is on upstairs

이층 네 방에 불이 켜졌어

upstairs는 '위층'을 의미하기도 하고 '2층'을 의미하기도 해요. 주인공이 나무 위에 올라가서 염탐하고 있는 상황인데 2층 이상이면 곤란하겠죠? light is on은 '불이 켜지다'라는 의미로 여기서의 '불'은 '전등'을 의미해요. TV나 전등 같이 전기를 이용해서 전원을 켜고 끄는 것들은 전치사 on과 off가 짝꿍처럼 사용되니 알아 두세요.

A little finesse, a sparkly dress
And I could be Ginger Rogers

약간의 기교와 반짝거리는 드레스는
날 진저 로저스로 만들어 주지

진저 로저스는 프레드 아스테어와 함께 10편에 가까운 댄스 영화를 찍은 파트너예요. '약간의 기교와 반짝이는 드레스'라는 디테일한 묘사를 통해 노래를 듣는 이들의 상상력을 자극하는 구절이에요. sparkly와 뒤이어 나오는 firefly는 비슷한 운율과 의미를 가지고 있어요. 누군가를 좋아할 때 눈동자가 반짝이고 마음속에 수천 개의 전구가 켜지는 듯한 느낌이 들죠. 이런 감정을 '반짝이는 드레스, 밤하늘의 반딧불'로 세련되게 묘사했어요.

발음 포인트 **sparkly는 [스파클리]가 아닌 [스빨끌리]로, dress는 [드레스]가 아닌 [쥬뤠ㅅ]로 발음해 보세요.**

I'm all aglow whenever I see you walking by

네가 걸어올 때마다 후끈거려

aglow는 '빛나는, 환한, 발그레한'을 의미하는 단어예요. 좋아하는 사람이 지나갈 때면 쑥스러워 얼굴이 발개지는 모습이 연상되는 구절이죠. walk by는 좋아하는 사람이 자신을 향해 걸어 온다기보다는 주인공 곁을 지나치는 상황에 가까워요. 이 구절을 통해 주인공이 하는 사랑이 짝사랑임을 추측할 수 있어요.

STEP 02 핵심 표현 학습하기

If you ever plan
To hold my hand

네게 혹시 그런 계획이 있는 지 말이야
내 손을 잡아 주는 그런 거 말이야

hold my hand는 직역하면 '나의 손을 잡아 주다'죠. 영어에서 hand는 단순히 '손'을 의미할 때도 있지만 '도움의 손길'이나 '관계의 시작[유지]'을 의미하기도 해요. 여기서 '내 손을 잡아 줄 생각이 있는지'는 '나와 진지하게 만나 볼 생각이 있는지'로 해석할 수 있어요.

다시 Step 01으로 가서 노래도 듣고 따라 불러 보세요.

STEP 04 표현과 패턴 활용하기

nobody

no가 문장 맨 앞에 오면 문장 전체를 부정하는 '전체 부정'의 역할을 해요. nobody를 활용한 다양한 표현을 알아보도록 해요.

예 **David was famous once, but nobody knows him today.**
데이비드는 예전엔 유명했는데, 지금은 그를 아무도 몰라.

Nobody can stop you. 누가 널 말리겠어.

Nobody likes to pay tax. 세금 내는 걸 좋아하는 사람이 어디 있겠어.

keep somebody/something from -ing

'~가 ~하지 못하도록 막다'의 의미로 전치사 from 뒤에는 –ing가 오는 것에 유의하세요.

예 **My father kept me from dating with him.**
아빠는 내가 그 사람과 데이트하는 걸 막았어.

The new system kept employees from making mistakes.
새로운 시스템은 직원들이 실수하는 것을 막아 주었습니다.

Whenever S(주어)+V(동사)

when(~할 때)과 ever(계속)가 합쳐진 단어 whenever는 '~할 때마다'라는 뜻이에요. whenever 다음에는 〈주어+동사〉 형태가 와요.

예 **Whenever you are in a trouble, just call me.**
문제가 생기면, 언제든 나한테 연락해.

Always laugh whenever you can; it is cheap medicine.
가능한 한 (할 수 있을 때) 많이 웃으세요. 웃음만큼 값싼 치료제도 없으니까요.

Unit 15

〈50 Ways to Say Goodbye〉, 즉 '이별하는 50가지 방법'이라는 독특한 제목이 눈길을 사로잡는 이 곡은 미국 샌프란시스코 팝 록 밴드 '트레인'이 2012년에 발표한 곡이에요. 트레인은 1994년에 결성되어 꾸준한 음악 활동을 해 오며 오랫동안 대중에게 사랑받고 있는 밴드랍니다. 2006년부터 2008년까지 잠시 활동을 중단하기는 했지만 재결성하여 현재까지도 왕성하게 활동하고 있습니다. 〈50 Ways to Say Goodbye〉는 애인에게 차인 슬픔을 유쾌하고 해학적으로 풀어 낸 곡인데요. 사랑하는 사람이 떠난 충격과 배신감에 주변 사람들에게 그녀가 죽었다고 얘기해 버리지만 여전히 사랑하는 사람을 잊지 못해 힘들어 하는 다소 찌질하지만 순정파인 한 남자의 이야기를 담고 있어요. 밝고 경쾌한 미드템포에 중독성 강한 후렴구는 절로 몸이 들썩거리게 만든답니다. 〈오페라의 유령〉 멜로디를 차용해서 어디선가 들어 본 듯한 느낌이 드는 곡이기도 해요.

STEP 01

가사 보며 강의 듣기

My heart is paralyzed
My head was oversized
I'll take the high road like I should
You said it's meant to be
That it's not you, it's me
You're leaving now for my own good

That's cool, but if my friends ask where you are
I'm gonna say

She went down in an airplane
Fried getting suntan
Fell in a cement mixer full of quicksand
Help me, help me, I'm no good at goodbyes!
She met a shark under water
Fell and no one caught her
I returned everything I ever bought her
Help me, help me, I'm all out of lies
And ways to say you died

어휘

paralyzed 마비된

oversized 너무 큰, 과도한

take the high road 품위를 지키다, 올바른 행동을 하다

it's meant to be 그렇게 될 운명이다

suntan 선탠하다, 태닝하다

fell in fall in(~에 빠지다)의 과거형

cement mixer 콘크리트 혼합기

full of ~로 가득 찬

quicksand 유사, 퀵샌드

I'm no good at ~에 서툴다

under water 물속의

return 반품하다

가사 해석

내 심장은 마비됐어
머리는 터질 것 같아
그렇다고 당신에게 구질구질하게 매달리진 않을 거야
넌 어차피 이렇게 될 운명이었다고 하지
당신 때문이 아니라, 나 때문이라고
날 위해서 떠나는 거라고

좋아, 만약 내 친구들이 네가 지금 어디에 있냐고 묻는다면
이렇게 말할 거야

비행기에 추락해서 죽었다고
태닝을 하다가 타 죽었다고
시멘트 속에 빠져 죽었다고 말이야
도와줘, 도와줘, 난 이별에 약하단 말이야!
그녀는 물속에서 상어를 만났어
떨어지는 그녀를 아무도 잡지 못했지
그녀에게 사 줬던 걸 다 환불 받았어
도와줘, 도와줘, 더 이상 할 거짓말도 없단 말이야
네가 어떻게 죽었는지 말할 거리가 없어

STEP 01 가사 보며 강의 듣기

My pride still feels the sting
You were my everything
Some day I'll find a love like yours (a love like yours)
She'll think I'm Superman
Not super minivan
How could you leave on Yom Kippur?

That's cool, but if my friends ask where you are
I'm gonna say

She was caught in a mudslide
Eaten by a lion
Got run over by a crappy purple Scion
Help me, help me, I'm no good at goodbyes!
She dried up in the desert
Drowned in a hot tub
Danced to death at an east-side night club
Help me, help me, I'm all out of lies
And ways to say you died

어휘

pride 자존심

minivan 미니밴

mudslide 진흙 더미

crappy 쓰레기 같은, 조잡한

dry up 바싹 마르다

drown 익사하다

to death 죽어라고, 죽을 때까지

sting 쏘다, 찌르다

leave on ~한 채로 놔두다

run over (사람 · 동물을) 치다

Scion 싸이언(도요타가 만든 소형차)

desert 사막

hot tub 온수 욕조

가사 해석

여전히 자존심이 상해
넌 나의 전부였어
언젠가 나도 너처럼 사랑을 찾게 될 거야
그녀는 날 슈퍼맨이라 생각하겠지
슈퍼 미니밴이 아니라
어떻게 그런 날 떠날 수가 있어?

좋아, 만약 내 친구들이 네가 지금 어디에 있냐고 묻는다면
이렇게 말할 거야

그녀는 진흙 더미에 빠져 죽었어
사자에게 잡아 먹혀 죽었어
끔찍한 보라색 싸이언 자동차에 치였어
도와줘, 도와줘, 난 이별에 약하단 말이야!
그녀는 사막에서 말라 죽었어
뜨거운 욕조에서 익사했어
이스트사이드에 있는 나이트클럽에서 춤추다가 죽었어
도와줘, 도와줘, 더 이상 할 거짓말도 없단 말이야
네가 어떻게 죽었는지 말할 거리도 없어

STEP 01 가사 보며 강의 듣기

I wanna live a thousand lives with you
I wanna be the one you're dying to
Love, but you don't want to

That's cool, but if my friends ask where you are
I'm gonna say
That's cool, but if my friends ask where you are
I'm gonna say

She went down in an airplane
Fried getting suntan
Fell in a cement mixer full of quicksand
Help me, help me, I'm no good at goodbyes!
She met a shark under water
Fell and no one caught her
I returned everything I ever bought her
Help me, help me, I'm all out of lies

너와 천 번의 삶을 함께 살고 싶어
당신이 죽도록 사랑하는 사람이 되고 싶어
사랑, 그러나 넌 그런 건 원하지 않지

좋아, 만약 내 친구들이 네가 지금 어디에 있냐고 묻는다면
이렇게 말할 거야
좋아, 만약 내 친구들이 네가 지금 어디에 있냐고 묻는다면
이렇게 말할 거야

비행기에 추락해서 죽었다고
태닝을 하다가 타 죽었다고
시멘트 속에 빠져 죽었다고 말이야
도와줘, 도와줘, 난 이별에 약하단 말이야!
그녀는 물속에서 상어를 만났어
떨어지는 그녀를 아무도 잡지 못했지
그녀에게 사 줬던 걸 다 환불 받았어
도와줘, 도와줘, 더이상 할 거짓말도 없단 말이야

STEP 01

가사 보며 강의 듣기

She was caught in a mudslide

Eaten by a lion

Got run over by a crappy purple Scion

Help me, help me, I'm no good at goodbyes!

She dried up in the desert

Drowned in a hot tub

Danced to death at an east-side night club

Help me, help me, I'm all out of lies

And ways to say you died

그녀는 진흙 더미에 빠져 죽었어
사자에 잡아 먹혀 죽었지
끔찍한 보라색 싸이언 자동차에 치였어
도와줘, 도와줘, 난 이별에 약하단 말이야!
그녀는 사막에서 말라 죽었어
뜨거운 욕조에서 익사했어
이스트사이드에 있는 나이트클럽에서 춤추다가 죽었어
도와줘, 도와줘, 더 이상 할 거짓말도 없단 말이야
네가 어떻게 죽었는지 말할 거리도 없어

핵심 표현 학습하기

My heart is paralyzed
My head was oversized

내 심장은 마비됐어
머리는 터질 것 같아

심장이 마비되고 머리가 터질 것 같은 상태로 보아 사랑 노래보다는 이별 노래임을 짐작할 수 있어요. '마비된'을 뜻하는 단어 paralyzed는 의학 용어로 자주 사용돼요. 심장이 마비된 것처럼 충격적이고 가슴 아프다는 의미를 나타내고 있어요. 머리가 oversized 되었다는 것은 '머리가 과도하게 커졌다'로 직역하면 어색하겠죠. 생각을 너무 많이 해서 머리가 풍선처럼 커진 모습을 상상해 보면 oversized의 의미가 좀 더 와 닿을 거예요.

발음 포인트 paralyzed는 [패뤌라이즈ㄷ]로 발음해 보세요.

I'll take the high road like I should

그렇다고 당신에게 구질구질하게 매달리진 않을 거야

high road는 '도덕적으로 바른, 공명정대한 길'을 의미해요. take the high road를 직역하면 '바른 길을 타다[취하다]'인데 자연스럽게 해석하면 '올바른 행동을 취하다, 품위를 지키다'라는 의미가 돼요.

예 **I think he is trying to take the high road.**
그는 올바른 행동을 하려고 노력하고 있어.
Sometimes, it's better to take the high road.
가끔은 순탄한 길을 선택하는 게 나을 수 있어.

You said it's meant to be

넌 어차피 이렇게 될 운명이었다고 하지

It's meant to be는 어떠한 일이나 관계가 '그렇게 될 운명이었다'는 뜻을 나타낼 때 사용해요. 연인에게 이 표현을 사용할 때는 다소 진지하고 오글거리는 멘트로 들릴 수 있으니 관계가 깊어졌을 때 사용하는 게 좋아요.

발음 포인트 It's meant to be는 [잇ㅊ 멘투비]로 발음해 보세요.

That it's not you, it's me
You're leaving now for my own good

당신 때문이 아니라 나 때문이라고
날 위해서 떠나는 거라고

이별의 가장 흔한 핑계는 어쩌면 '널 위해서 떠나는 거야'가 아닐까요? 사랑했던 사이이기 때문에 상처 주지 않기 위한 마지막 배려일 수도 있고, 오히려 이별의 원인을 상대에게 두고 떠나는 잔인한 방법일 수도 있다는 생각이 들어요.

She went down in an airplane

비행기에 추락해서 죽었다고

went down은 go down의 과거형으로 '아래로 떨어지다'라는 뜻이에요. 비행기에서 아래로 떨어진다는 것은 곧 '추락사'를 의미하겠죠. 참고로, 보통 항공기 사고로 사망하게 될 때는 be killed in an airplane crash라고 해요.

STEP 02 핵심 표현 학습하기

Fried getting suntan

태닝을 하다가 타 죽었다고

뮤직비디오에서 태닝 기계에 들어갔다가 나온 여자 주인공의 온몸이 불그스레하게 그을린 장면이 나와요. 뮤직비디오 대부분의 장면은 여자 친구가 말도 안 되는 상황에서 죽게 되는 상황이 나오고 있어요. 노래 속에서라도 자신을 버린 상대에 대한 원망과 미련을 여과 없이 드러내고 있어요.

Fell in a cement mixer full of quicksand

시멘트 속에 빠져 죽었다고 말야

뮤직비디오에서 시멘트 속에 거꾸로 빠져 죽어 다리만 나와 있는 마네킹이 나오는데 이 마네킹이 신고 있던 구두를 지나가던 여자가 벗겨서 가져가는 장면이 나와요. 시멘트 통에 빠져 죽었다는 것은 누가 봐도 억지스럽고 과장된 설정인데 거기에 죽은 사람의 구두까지 훔쳐가는 장면은 모든 일들이 주인공의 머릿속에서 일어나는 '상상'임을 알 수 있어요.

발음 포인트 **cement는 [시멘트]로 무미건조하게 발음하면 원어민이 알아듣기 어려워요. 두 번째 음절에 강세를 주어 [씨멘트]로 발음해야 해요.**

My pride still feels the sting

여전히 자존심이 상해

sting은 '쏘다, 찌르다'를 뜻하는 단어로 '자존심이 상해 마음이 쿡쿡 쑤시다'의 느낌으로 받아들일 수 있어요. pride는 '자부심, 자존감'이란 의미인데 여기에선 '자존심'으로 해석하는 게 좀 더 자연스럽겠죠? 참고로 '자존감'은 self-esteem이라고 해요.

발음 포인트 **still은 [스틸]이 아닌 [스띠얼]로 발음해 주세요. L 발음이 단어 끝에 올 때는 혀끝이 앞니 안쪽에 닿아야 해요. [~얼]을 발음한다고 생각하고 혀끝을 올려 주세요.**

How could you leave on Yom Kippur?

어떻게 그런 날 나를 떠날 수가 있어?

Yom Kippur(욤키 푸어)는 구약 성경에 나오는 유대교의 '속죄의 날'로 Yom은 '날(day)'을 뜻하고 Kippur는 '속죄(atonement)'를 의미해요. 이날 유대인들은 자신의 속죄를 반성하며 하루 종일 경건하게 보내게 되는데요. 욤키 푸어에는 증권가 거래량이 줄 정도로 유대교인들의 활동량이 현저히 떨어진다고 해요. 욤키 푸어는 보통 10월 8일에 시작되어 10월 9일에 끝나는데, 주인공이 욤키 푸어에 연인이 자신을 떠났다고 하는 걸 보면 이별 시점이 가을쯤임을 추측할 수 있어요.

STEP 02 핵심 표현 학습하기

Danced to death at an east-side night club

이스트사이드에 있는 나이트클럽에서 춤추다가 죽었어

to death는 '극도로, 죽어라고'의 의미로 extremely, very much의 의미로 사용하기도 하고 '정말로 무언가를 하다가 죽다'는 의미로 쓰이기도 해요. 이 가사에서는 계속해서 연인이 죽은 이유를 말하고 있으니 여기서의 to death는 '~하다가 죽다'로 해석할 수 있어요.

다시 **Step 01**으로 가서 노래도 듣고 따라 불러 보세요.

STEP 04 표현과 패턴 활용하기

It's meant to be

어떠한 일이나 관계가 '그렇게 될 운명이었다'는 뜻을 나타낼 때 사용해요. mean은 '의미하다, 뜻하다'의 동사로 사용되기도 하고 '비열한, 야비한, 쪼잔한'의 형용사로도 사용돼요. 주어를 we로 바꿔 We're meant to be(우린 운명이야).로도 사용 가능해요.

예 **We're meant to be.** 우린 운명이에요.
Somethings are meant to be. 어떤 일들은 이미 운명되어져 있죠.

How could you ~?

상대방이 한 행동이나 말이 이해되지 않을 때 '어떻게 ~할 수 있어?'의 의미로 사용하는 표현이에요. you 뒤에 not을 붙여 How could you not ~?(어떻게 ~하지 않을 수가 있어?)이라고 표현할 수도 있어요.

예 **How could you betray me like this?** 네가 어떻게 이런 식으로 날 배신할 수 있어?
How could you do this to me? 네가 어떻게 나한테 이럴 수 있어?

I am dying to + V(동사)
I am dying for +N(명사)

'~하고 싶어 죽겠어'의 의미로 무언가 강렬하게 원하거나 하고 싶을 때 사용하는 표현이에요. to 다음에 동사 원형을 쓸 수도 있고 〈for + 명사〉 형태로도 표현할 수 있어요.

예 **I am dying to quit my job.** 일 관두고 싶어서 죽겠어.
I am dying for some sleep. 자고 싶어서 미치겠어.

Unit 16

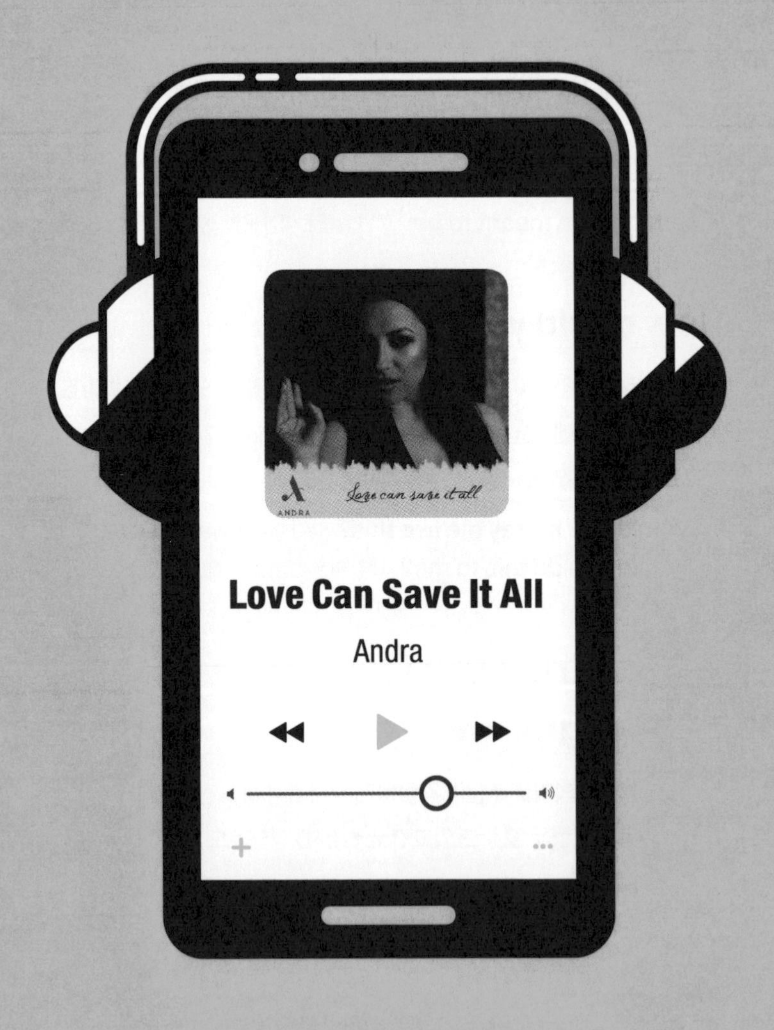

루마니아 출신 가수 안드라(Andra)는 짙은 이목구비만큼 호소력 짙은 목소리를 가진 아티스트예요. 그녀는 어릴 적부터 부모님의 영향을 받아 음악적 재능에 일찍 눈을 뜬 편이에요. 그녀는 학창 시절부터 음악 활동을 시작해 현재까지도 음반 활동, TV 쇼 출연, 자선 활동 등 다양한 분야에서 활발하게 활동하고 있어요. 그녀의 노래 에는 이별을 노래한 곡들이 많은데 〈Love Can Save It All〉 또한 그중 하나로 이별을 앞둔 주인공의 애절한 마음이 담겨 있어요. 자신을 향한 마음이 식어 버린 연인을 바라보면서 느끼는 슬픔과 외로움을 담담하고도 처절하게 노래 속에 담아내고 있어요.

STEP 01 가사 보며 강의 듣기

Part of me is part of you
So take my hand
I want you to feel words you can't hear
I love you so and you love me
So tell me why, why does it feel
Like we're thousand miles apart?

For better or for worse you stood next to me
Always found a way not to give up on me
Remember when you used to say

You know our love can save it all
We've been together for so long
So don't give up on who we are
we'll work it out somehow
You know a word can change it all
I had my doubts but now I know
I wanna be with you for life, each day and every night
Because our love can save it all
Oh, oh, oh, woah-oh-oh
Oh, oh, oh, woah-oh-oh
Oh, oh, oh, woah-oh-oh, hey

어휘

take one's hand ~의 손을 잡다
be apart ~와 떨어져 있다
next to ~의 옆에
give up on ~을 단념하다
for so long 오랫동안
each day 매일
tell my why 이유를 말해 주세요
for better or for worse 좋건 나쁘건
find a way 방법을 찾다
save 구하다
doubt 의심, 의혹

가사 해석

내가 당신이고 당신이 나예요
그러니 내 손을 잡아요
당신이 들을 수 없는 것들을 느낄 수 있으면 좋겠어요
난 당신을 사랑하고 당신은 날 사랑하죠
그러니 말해 줘요
왜 우리가 천 마일이나 떨어져 있는 것 같은지 말이죠

좋든 싫든 당신은 내 옆에 있어 줬죠
언제나 날 포기하지 않고 방법을 찾았죠
당신이 내게 했던 말들을 기억해 봐요

우리의 사랑이 모든 것을 지킨다는 걸 알잖아요
우린 오랜 시간 함께했잖아요
그러니까 포기하지 말아요 우리를 우린 어떻게든 극복할 수 있어요
말 한마디가 모든 걸 바꿀 수 있다는 걸 알고 있죠
예전엔 의심했지만 이젠 알아요
당신과 내 인생을 함께하고 싶어요, 매일 그리고 매일 밤
우리 사랑은 모든 것들을 지킬 수 있죠

STEP 01 가사 보며 강의 듣기

I wish there was another me, another you
So we could go back to the point where we met
Another place, another chance
We'll make it right, so meet me halfway
I know you feel the same

For better or for worse you stood next to me
Always found a way not to give up on me
Remember when you used to say

You know our love can save it all
We've been together for so long
So don't give up on who we are
We'll work it out somehow
You know a word can change it all
I had my doubts but now I know
I wanna be with you for life, each day and every night
Because our love can save it all
Oh, oh, oh, woah-oh-oh
Oh, oh, oh, woah-oh-oh
Oh, oh, oh, woah-oh-oh

어휘

another 다른, 또 다른
halfway 중간에, 가운데쯤에
go back to the point 요점으로 돌아가다
make right 바로잡다, 오해를 풀다
feel the same 같은 감정이다
used to ~하곤 했다
work out (일, 관계가) 잘 풀리다

가사 해석

또 다른 나, 또 다른 당신이 존재해서
우리가 처음 만났던 그곳으로 다시 돌아갈 수 있었으면 해요
또 다른 장소, 또 다른 기회
우리 관계를 바로잡을 수 있는 중간 지점에 만나길 바라요
당신도 같은 생각일 거라 믿어요

좋든 싫든 당신은 내 옆에 있어 줬죠
언제나 날 포기하지 않고 방법을 찾았죠
당신이 내게 했던 말들을 기억해 봐요

우리의 사랑이 모든 것을 지킨다는 걸 알잖아요
우린 오랜 시간 함께했잖아요
그러니까 포기하지 말아요
우리를 우린 어떻게든 극복할 수 있어요
말 한마디가 모든 걸 바꿀 수 있다는 걸 알고 있죠
예전엔 의심했지만 이젠 알아요
당신과 내 인생을 함께하고 싶어요, 매일 그리고 매일 밤
우리 사랑은 모든 것들을 지킬 수 있죠

STEP 01 가사 보며 강의 듣기

You know our love can save it all
We've been together for so long
So don't give up on who we are
We'll work it out somehow
You know a word can change it all
I had my doubts but now I know
I wanna be with you for life, each day and every night
Because our love can save it all
Ohh, (Oh, oh, oh, woah-oh-oh)
Ohh, (oh, oh, oh, woah-oh-oh)
Ohh, (Oh, oh, oh, woah-oh-oh)

Oh, oh, oh, woah-oh-oh
Oh, oh, oh, woah-oh-oh
Oh, oh, oh, woah-oh-oh

우리의 사랑이 모든 것을 지킨다는 걸 알잖아요
우린 오랜 시간 함께했잖아요
그러니까 포기하지 말아요
우리를 우린 어떻게든 극복할 수 있어요
말 한마디가 모든 걸 바꿀 수 있다는 걸 알고 있죠
예전엔 의심했지만 이젠 알아요
당신과 내 인생을 함께하고 싶어요, 매일 그리고 매일 밤
우리 사랑은 모든 것들을 지킬 수 있죠

STEP 02 핵심 표현 학습하기

Part of me is part of you

내가 당신이고 당신이 나예요

마음이 잘 맞고 특별한 관계를 말할 때 '한몸'이란 단어를 쓰곤 하죠. 이처럼 '내가 곧 너고 네가 곧 나'일 때 영어로는 Part of me is part of you.라고 표현해요. 뮤직비디오에서 남녀가 다투고 이별하게 되는 장면이 나오는데 남자가 짐을 싸서 나가는 장면을 봐서는 둘은 오랜 시간 함께 많은 것을 공유한 사이로 추측해 볼 수 있어요. 같은 침대를 쓰고, 같은 식탁에서 밥을 먹고, 모든 시간을 공유한 사이는 이별이 더 아프기 마련이겠죠?

발음 포인트 **part of에서 t는 단어의 끝에 있기 때문에 소리를 약하게 내거나 거의 발음하지 않아요. part of me는 [팔옵미], part of you는 [팔오뷰]로 발음해 보세요.**

For better or for worse you stood next to me

좋든 싫든 당신은 내 옆에 있어 줬죠

For better or for worse를 보면 왜 주례사가 떠오르는 걸까요? '미우나 고우나, 비가 오나 눈이 오나, 검은 머리 파뿌리 되도록 평생을 사랑하겠습니까?'라는 주례 멘트를 떠오르게 하는 표현이에요. stand next to ~는 '~의 옆에 서다'의 의미로 누군가의 곁에 함께하는 것을 의미해요. '~의 옆에'를 뜻하는 전치사로는 next to와 beside가 있는데 beside를 좀 더 격식을 차린 표현이라고 하지만 사실상 큰 차이는 없답니다.

발음 포인트 **next to처럼 t가 연달아 오는 경우에는 [넥숫투]로 t 발음을 한 번만 해요.**

Always found a way not to give up on me

언제나 날 포기하지 않고 방법을 찾았죠

give up은 '포기하다, 그만두다'라는 의미의 구동사로 give up on은 '~에 대해 포기하다, 단념하다'를 의미해요. give를 이용한 또 다른 구동사들을 알아볼까요?

- **give away** ~을 무료로 주다, 기부하다
- **give in to** ~에 굴복하다
- **give back** 돌려주다
- **give in** 항복하다, 제출하다
- **give out** 나눠 주다
- **give off** 방출하다, 발산하다

발음 포인트 **give up과 같은 구동사는 강세가 뒤에 오기 때문에 up에 강세를 줘야 해요.**

So don't give up on who we are, we'll work it out somehow

그러니까 포기하지 말아요, 우리를 우린 어떻게든 극복할 수 있어요

work out은 '운동, 운동하다, 일이 잘 풀리다, 관계가 잘 풀리다' 등의 의미로 쓰이는데 여기서는 '사람과의 관계가 잘 풀리다'의 의미로 사용됐어요.

발음 포인트 **give up과 work out에서도 뒤에 오는 전치사에 강세를 줘야 해요.**

I wanna be with you for life, each day and every night

당신과 내 인생을 함께하고 싶어요, 매일 그리고 매일 밤

상대를 향한 사랑하는 마음은 I love you. 외에도 다음과 같이 다양하게 표현할 수 있답니다.

예 **All I need is you.** 당신이 필요해요. / **I am all yours.** 전 당신 거예요.
You mean so much to me. 당신은 내게 너무 소중한 사람이에요.
You're one in a million. 당신은 세상에 단 하나뿐인 소중한 사람이에요.

STEP 02 핵심 표현 학습하기

You know a word can change it all, I had my doubts but now I know

말 한마디가 모든 걸 바꿀 수 있다는 걸 알고 있죠, 예전엔 의심했지만 이젠 알아요

word는 사전적인 의미로는 '말, 단어'이지만 다양한 의미로 사용된답니다.

예 **You have my word.** 약속할게.
A good tongue is a good weapon. 말 한마디로 천냥 빚을 갚는다.
I'll keep it mum's the word. 입 다물고 있을 게.

We'll make it right, so meet me halfway

우리 관계를 바로잡을 수 있는 중간 지점에 만나길 바라요

make right은 무언가를 바로잡아 오해를 풀고 상황을 개선시킬 때 사용하는 단어예요. 어디서부터 어떻게 잘못되었는지 그 지점을 찾아 바로잡고 싶은 마음이 담긴 구절이에요.

발음 포인트 **half는 L이 묵음이므로 [하ㅍ] 또는 [해ㅍ]로 발음해요.**

다시 **Step 01**으로 가서 노래도 듣고 따라 불러 보세요.

STEP 04 표현과 패턴 활용하기

I want you to ~

'당신이 ~하기를 원해요'라는 의미로 명령문보다는 조금 부드러운 느낌으로 상대에게 무언가를 요청하거나 또는 요구하는 표현이에요. I want to ~는 '내가' 하고 싶은 것이고 I want you to ~는 '상대방이' 해 줬으면 하는 걸 의미해요.

예 **I want you to listen to me.** 제 말 좀 들어 보세요.
I want you to finish it by this Friday.
이번 주 금요일까지 당신이 이 일을 끝내 줬으면 좋겠어요.

For better or for worse

'좋든 싫든, 좋을 때나, 나쁠 때나'의 의미로 무엇을 바꿀 수 없는 상황에서 사용되는 표현이에요.

예 **For better or for worse, you have to go through this.**
좋건 싫건 간에 당신은 이 일을 헤쳐 나가야 해요.
For better or for worse, we'll be together for the rest of our lives as partners. 좋든 나쁘든 우리는 평생 동반자로서 남은 여생을 함께 살아갈 거야.

I wish ~, I could

⟨I wish ~, I could ~⟩ 용법은 현재 사실에 반대되는 사실을 표현하는 '가정법 과거'예요. '실제로는 그렇게 하지 못하지만 그렇게 된다면 정말 좋을 텐데'의 의미를 나타내며 현재 사실과 반대되거나 이룰 수 없는 일을 바라고 소망할 때 사용해요.

예 **I wish I could travel around the world.**
세계 일주를 할 수 있다면 얼마나 좋을까. (지금은 세계 일주를 할 수 없는 상황이에요)
I wish I could take it back. 되돌리고 싶은데. (이미 일어난 일이니 그럴 수 없어요.)